DU DUEL

ET

De sa Législation,

MÉMOIRE COURONNÉ

PAR L'ACADÉMIE DE CHALONS-SUR-MARNE,

DANS SA SÉANCE PUBLIQUE DU 1er SEPTEMBRE 1838,

PAR JULES JOLLY,

AVOCAT A LA COUR ROYALE DE PARIS.

« Les hommes les plus vertueux, les plus
« sages, et, j'ose dire, les plus fermes et les plus
« indépendans, ont été d'avis que les Duels
« sont un désordre qui ne saurait être toléré
« dans une société bien réglée ; et que les homi-
« cides ou les blessures qu'ils entraînent, sont
« de véritables crimes qu'il importe essentielle-
« ment de réprimer.

« M. DUPIN aîné. »

PARIS,

CHEZ WITTERSHEIM, IMPRIMEUR, 8, RUE MONTMORENCY ;
DELAMOTTE, LIBRAIRE, 29, PLACE DAUPHINE,
ET HEIDELOFF, LIBRAIRE, 16, RUE VIVIENNE, ET 148, RUE MONTMARTRE.

1838.

DU DUEL

ET DE SA LÉGISLATION.

IMPRIMERIE DE WITTERSHEIM,
rue Montmorency, 8.

DU DUEL

ET

DE SA LÉGISLATION,

MÉMOIRE COURONNÉ

PAR L'ACADÉMIE DE CHALONS-SUR-MARNE,

DANS SA SÉANCE PUBLIQUE DU 1er SEPTEMBRE 183[illegible].

PAR JULES JOLLY,

AVOCAT A LA COUR ROYALE DE PARIS.

« Les hommes les plus vertueux, les plus sages,
» et, j'ose dire, les plus fermes et les plus indé-
» pendans, ont été d'avis que les Duels sont un
» désordre qui ne saurait être toléré dans une
» société bien reglée ; et que les homicides ou
» les blessures qu'ils entraînent, sont de véri-
» tables crimes qu'il importe essentiellement
» de réprimer.

M. DUPIN aîné. »

PARIS,

CHEZ WITTERSHEIM, IMPRIMEUR, 8, RUE MONTMORENCY ;
DELAMOTTE, LIBRAIRE, 29, PLACE DAUPHINE,
ET HEIDELOFF, LIBRAIRE, 16, RUE VIVIENNE, ET 148, RUE MONTMARTRE.

1838.

DÉDICACES.

A MON PÈRE!

Cette œuvre est le premier fruit de tes nombreux sacrifices, mon père; et le dépôt que je fais à tes pieds de la couronne qu'elle vient de me conquérir, n'est que l'expression bien imparfaite de ma vive reconnaissance.

Cette œuvre t'appartient toute entière : car, si quelques bonnes idées y ont trouvé place, je dois en rapporter tout le prix à la sollicitude vigilante dont tu as entouré mes pénibles études, et à l'intérêt tout paternel avec lequel tes yeux se sont toujours fixés sur mon avenir.

Accepte donc cette dédicace, non comme un acquit de la dette immense que j'ai contractée envers toi; mais comme un modeste hommage de cette vive reconnaissance dont l'influence m'accompagnera toujours dans l'épineuse carrière que j'ai à parcourir : et si quelque rayon de gloire, venant à passer sur cette couronne que je te dédie, la fait briller un jour d'un éclat inattendu, sois fier de ton fils et de toi-même, ô mon père; de ton fils, car ce premier rayon suffira pour éclairer tout son avenir; de toi-même, car de cet avenir lumineux, les plus beaux reflets rejailliront sur toi

JULES JOLLY,

Avocat à la Cour royale de Paris.

A

MONSIEUR J. B. TESTE,

MEMBRE DE LA CHAMBRE DES DÉPUTÉS,

AVOCAT A LA COUR ROYALE DE PARIS,

BATONNIER DE L'ORDRE,

HOMMAGE DE RESPECT,

DE RECONNAISSANCE ET D'ADMIRATION!

JULES JOLLY,

AVOCAT A LA COUR ROYALE DE PARIS.

PRÉFACE.

MOUVEMENT SOCIAL.

En abordant la question du duel, nous nous sommes étonné qu'après tant de révolutions et de réformes successives, l'humanité eût encore à se plaindre des nombreux désordres qui l'affligent et la déshonorent. Maintenant nous sommes forcé d'avouer, qu'en promenant ses regards sur la marche des événemens ; en comparant surtout les vices d'autrefois avec les désordres d'aujourd'hui, l'homme qui pense et qui réfléchit, peut, en quelque sorte, redouter que cette humanité perfectible n'arrive à son terme, vicieuse et imparfaite, comme elle l'était à son origine.

Il y a plus : si l'histoire vient à notre aide, nous pouvons facilement nous convaincre que, toute imparfaite, toute vicieuse et toute chargée d'abus qu'était la société, il y a quelques siècles, du moins ces abus n'avaient pas toute la gravité de nos plaies modernes ; du moins ces vices marchaient de front avec une espérance de salut, et ces imperfections se couvraient d'un vernis d'innocence dont les yeux étaient éblouis.

Chacune des nombreuses erreurs de la féodalité avait pour la soutenir une noble et vénérable origine. Le combat judiciaire était l'expression d'une idée religieuse et se faisait respecter comme jugement de Dieu. L'honneur chevaleresque avait une telle influence sur la noblesse de François 1er, qu'après les désastres de Pavie, rien ne fut perdu, car l'honneur était sauf. La société féodale marchait donc sur deux pivots, l'honneur et la religion; l'honneur servant d'appui aux plus hautes branches de l'arbre social ; la religion plus large et plus puissante, descendant jusqu'aux profondeurs de la nation, et répandant partout sa magique influence.

Aujourd'hui tout a changé de face et de mobile; la religion et l'honneur ont fléchi sous le poids de la société moderne; et, si quelquefois on peut encore les apercevoir, ce ne sont plus que des ombres qui passent et que le moindre doute fait évanouir.

Aussi, lorsque l'on considère la triste condition de notre société; lorsque l'on réfléchit sur tant de ruines si imparfaitement remplacées, on est tenté de refuser un souvenir à ces hautes intelligences, qui, entreprenant avec un si grand fracas de refaire le monde, ont avorté de l'œuvre incomplète que nous avons sous les yeux.

Et pourtant, elle était si belle, l'humanité sortant du berceau, que le philosophe, arrêtant sur elle ses regards, ne pouvait s'empêcher de jeter un cri d'orgueil et d'admiration. Quel spectacle, en effet! La nature soumise, obéissant tout entière à la voix de l'homme; pas un point, sur le globe habité, qui ne portât l'empreinte de son génie; pas une œuvre terrestre qui ne fût un monument de sa puissance et de sa domination!

Mais, après avoir parcouru, sur l'aile rapide de la pensée et dans l'enthousiasme de l'étonnement, les efforts, les travaux, les miracles de l'esprit humain, si le philosophe pénètre, avec l'œil de la méditation, dans le sein même de la société, quelle dégradation et quelle chûte! Partout l'humanité enchaînée à ses passions, plongée dans la nuit sombre de ses préjugés, cherchant le ciel du regard, et détournant la tête avec terreur! Partout la cupidité, l'orgueil, la haine, la vengeance vomissant leurs pernicieuses influences comme une écume empoisonnée! Partout des mœurs avilies, corrompues, dépravées, traînant à leur suite le vol et l'assassinat, l'adultère et le viol, le rapt et l'infanticide, le suicide et le duel...... Le duel! chose étrange! le duel qui n'a d'autre appui qu'un pâle souvenir de féodalité, le duel reste debout, et surnage, en quelque sorte, comme dernier débris de cette époque de force brutale, dont le naufrage a retenti si haut dans l'histoire!

Tristes réflexions, il faut en convenir! tristes détails! triste tableau de l'humanité! ....Aussi le courage nous manque-t-il pour nous arrêter plus long-tems sur ce déplorable sujet; aussi laissons-nous tomber le voile sur ces hideuses images, indignes d'un peuple libre, généreux et civilisé. L'ame se souille, malgré elle, en se traînant dans cette fange des vices, des passions et des crimes de l'humanité; mais elle renaît, elle s'épure, elle se fortifie, lorsque, prenant son vol vers la comtemplation de la gloire et de la vertu, elle s'élève jusqu'à l'espérance d'un meilleur avenir.

Si, en effet, nous avons dit avec force, que la situation présente était vicieuse et mauvaise, nous devons ajouter, avec conviction, que le mal qui la dévore n'est pas sans remède ; que ce chaos, tout informe qu'il est, recèle encore, dans toute leur pureté, les premiers principes d'organisation sociale, et que si l'incendie a fait d'horribles ravages, on peut encore retirer de ses décombres des élémens précieux qui y sont restés ensevelis.

Ce n'est donc point assez de jeter un dernier regard sur les ruines du passé, ou de gémir un instant sur les imparfaites réédifications du présent ; car nous avons devant les yeux l'avenir dont les premières lueurs éclairent déjà l'horizon.

Sans doute la difficulté sera grande, de faire pénétrer dans quelques esprits démoralisés, des sentimens de grandeur et de dignité humaines ; sans doute, il y a lieu de désespérer de soi-même et des autres, quand on pense aux habitudes d'orgueil et de vanité qui ont tourné toutes les têtes vers l'égoisme : mais aussi, quand on voit, à côté de tous ces égaremens, les croyances religieuses livrer encore, au fond de quelques cœurs, une lutte vive et persévérante, contre les préceptes honteux de la démoralisation, l'espérance revient ; on cherche à écarter cette cendre de l'égoïsme, qui couvre le feu du dévouement ; on voudrait raviver, dans chaque cœur, cette étincelle du bien que le Christianisme y a déposée dès l'enfance.

Si quelques hommes, aux courtes vues et aux intelligences étroites, se bornent à étreindre, avec résignation, les colonnes brisées du vieux monde, marchons en avant, hommes de courage et d'avenir ! N'écoutons pas les paroles de mauvais augure qu'on nous jette, et, appuyés sur les sympathies de tous les âges, voguons, à pleines voiles, vers de plus belles destinées !

Toutes les grandes réformes, toutes les grandes révolutions sociales ont eu, avant de s'établir, bien des écueils à éviter, bien des obstacles à vaincre, bien des ennemis à combattre. Les sacrifices humains, le supplice des prisonniers, les chevalets de la torture, ont longtems souillé les mœurs des nations, sans que ces horribles usages parussent offenser en rien les idées de devoir et de religion. L'esclavage, cet odieux abus de la force a été consacré par le long assentiment des peuples les plus civilisés de la terre, et n'a du sa chûte complète qu'à l'établissement du Christianisme. Le Christianisme lui-même, cette magnifique réforme du monde entier, n'a dû sa victoire et sa toute puissance qu'à son origine surhumaine, et le sang des martyrs est encore là pour attester ses efforts. Le combat judiciaire, cette sanglante parodie de la justice, cette amère dérision connue sous le nom de jugement de Dieu, le combat judiciaire n'a pu être aboli en France qu'avec des peines infinies, et l'ordonnance célèbre de St-Louis, qui le prohiba, fut accueillie avec la plus grande défaveur.

Jadis aussi, il n'y avait pas assez de mépris, parmi les beaux parleurs de la vieille Europe, pour ce navigateur téméraire, cet esprit brouillon, qui prétendait avoir deviné un monde: il y avait des voix qui s'en allaient, d'échos en échos, répétant avec un superbe dédain le le nom de cet insensé de Colomb, lorsque Colomb, reparaissant tout-à-coup sur le seuil de la dédaigneuse Europe, lui jeta en échange de ses mépris, cette étonnante nouvelle : L'AMÉRIQUE EST TROUVÉE ! Enfin, à une époque éminemment éclairée, où tout tendait au progrès et au perfectionnement, le système pénitentiaire qui fait aujourd'hui la gloire et le bonheur des Etats-Unis, n'a pu s'y impatroniser qu'après les épreuves les plus longues, et les plus pénibles difficultés ; et, dans les prisons même où devaient surtout éclater les bienfaits de son influence, on n'a pu l'établir qu'après effusion de sang.

Quand, après l'énumération de tous ces préjugés si funestes, jetant un regard sur la société moderne, on voit que pas un n'est resté debout, l'espoir redouble et trouve de nouvelles forces ; la philosophie reprend son essor vers les régions du progrès ; les intelligences s'accordent et s'harmonisent pour faire appel à la réforme, et les sociétés savantes se réunissent pour débarrasser l'avenir des nuages épais qui le couvrent.

En présence de ce mouvement social, en présence, surtout, de cette réunion, de cet accord, de cette harmonie des intelligences, l'Académie de Châlons-sur-Marne ne devait pas rester froide et immobile. Aussi, toujours empressée à saisir les occasions de réforme, toujours à la recherche des améliorations et des perfectionnemens de toute espèce, toujours fidele à ses belles doctrines de socialisme et de haute moralité, cette société savante n'hésita pas à mettre au concours la question suivante :

« Quels seraient les moyens d'abolir en France la cou-
« tume du Duel ?

« Ne serait-t-il pas possible de donner au duel, abstraction faite de ses conséquences, le caractère de délit, et d'en soumettre le jugement aux tribunaux correctionnels ?

« Quelles seraient, en cas d'affirmative, les peines qu'il conviendrait d'appliquer à ce délit ? »

L'appel fut général; vives furent les sympathies, et nombreux furent les résultats. Chacun s'empressa de répondre à ce cri civilisateur ; chacun voulut attaquer de front le fléau qui nous désole ; chacun se présenta dans la lice, avec son courage, ses armes, ses moyens de combat... et nous étions dans les rangs.

Cédant aujourd'hui au désir qui nous brûle, d'être pour quelque chose, dans une œuvre d'humanité ; appuyé sur une idée qui rallie autour d'elle tant de hautes intelligences ; encouragé surtout par les plus indulgentes sollicitations, nous livrons notre œuvre à d'autres juges, plus nombreux, plus sévères, sans doute, que ceux qui l'ont couronnée de leur bienveillance; mais non, sans doute, plus éclairés que ceux dont la pensée intelligente a deviné le fléau qu'il fallait terrasser.

Dans le mémoire que nous soumettons à une épreuve si difficile, nous croyons avoir parcouru tous les degrés de pénalité qu'on pouvait invoquer contre le crime dont on nous demande la répression. Toutefois, comme une répression sévère ne peut être justifiée que par les moyens d'une utile prévention, nous essaierons encore de poser ici quelques principes généraux de réforme sociale, et de rechercher surtout, dans les bienfaits d'une éducation convenablement modifiée, le premier remède à un mal qui menace de se perpétuer.

Une famille dont tous les membres concouraient, avec une égale ardeur, à l'utilité commune; où règneraient la paix, la justice et le respect pour les choses sacrées; du sein de laquelle l'envie, la haine, la vengeance seraient bannies à jamais; une telle famille serait, il nous semble, le plus beau modèle à offrir à la grande famille de l'humanité. Avant tout, cependant, il faudrait rechercher les causes de prospérité qui auraient dominé cette famille particulière, pour, ensuite, en tirer quelques effets, quelques conséquences de bonheur, au profit de l'association générale. S'il était alors démontré, que l'origine d'une telle harmonie fût une éducation établie sur des idées de devoir, de justice, de morale et de religion, la société devrait se soumettre à une épreuve si décisive, et chercher à une telle origine des élémens de paix, de bonheur et de prospérité.

Si nous sommes vertueux quelquefois, si nous manifestons souvent l'horreur la plus profonde pour le crime, c'est que nous nous sommes accoutumés, de bonne heure, à réfléchir sur les avantages d'une conduite irréprochable, et à ne jamais perdre de vue la misérable destinée de l'homme vicieux et perverti. Nos vertus et nos vices sont l'ouvrage de nos inclinations, de notre caractère, de notre tempérament; et la force de tout cela se compose des idées de licence, ou des principes de moralité que l'éducation a semés, de bonne heure, dans notre esprit.

C'est donc à l'éducation que nous devons surtout nous adresser pour l'accomplissement de l'œuvre d'humanité que nous avons entreprise. Mais, avant de lui demander ses moyens de réforme, nous voulons qu'elle se réforme elle-même : car, si les élémens dont elle se compose sont restés intacts et purs, l'influence de quelques idées modernes lui a imprimé une teinte de matérialisme dont il faut qu'elle se débarrasse.

Au lieu de faire germer au fond des cœurs les sentimens moraux dont l'association commune a tant besoin, on s'est uniquement attaché à tourner les intelligences vers les facultés spécialement utiles à l'individu. Au lieu de mettre l'homme en position de régler son existence sur ses devoirs envers Dieu, envers sa famille, envers la société, on a essayé de lui apprendre à s'affranchir de la société, à abandonner sa famille, à oublier Dieu lui-même; et de tout cela, qu'est-il advenu? Est-on parvenu seulement à assurer l'existence matérielle des populations? Le superflu a-t-il doublé pour ceux qu'on appelle les riches de ce monde? Le nécesaire est-il du moins arrivé aux derniers degrés de l'échelle?.... Pour le croire, il faudrait détourner les yeux du présent.

Non, vous n'avez pas compris nos besoins, vous qui ne parliez que de bien-être et de prospérité! Toutes vos réformes sont vaines, inutiles, mauvaises, dangereuses peut-être; car la société que vous avez faite, est une société avide de jouissances et accablée de privations, enflammée de la soif du lucre et tourmentée des angoisses de la mendicité... Oui, réformateurs imprudens, la société que vous avez faite est une société mendiante, qui tend la main aux passans, et leur demande du pain !....

Et puis, on accuse la jeunesse ; on lui jette des anathèmes ; on se plaint de ses tendances perturbatrices ; on la compose de têtes folles inspirées par de mauvais cœurs... Pauvre jeunesse ! elle, si pure dans son enfance, si pleine de sentimens élevés et de nobles passions, elle, qui est la force du présent et la ressource de l'avenir, on lui impose la responsabilité de l'éducation mauvaise qu'on lui a donnée, et dont il faut qu'elle accepte les conséquences.

Oh ! n'accusons pas la jeunesse : car, si quelques torts, si quelques écarts peuvent lui être reprochés, les enseignemens dangereux qu'elle a reçus, l'ont façonnée de manière à lui faire oublier sa première nature. Et pourtant, avec ses sentimens de franchise, d'honneur et de probité ; avec son esprit d'exaltation et d'enthousiasme pour les grandes choses, que de merveilles elle aurait pu faire ! quelle mission sublime elle aurait pu accomplir !.

Mais l'esprit du siècle a soufflé sur elle : on s'est attaché à détruire ou à dénaturer ses plus nobles passions. On lui a parlé de grandeur et de dignité humaines; mais, comme ces mots lui ont été jetés au hasard, elle les a recueillis en aveugle; elle a pris la vanité pour la grandeur, et l'orgueil pour la dignité. On lui a parlé d'honneur, de courage et de force d'ame, en présence de la mort; mais comme on ne lui a pas donné l'explication de ces sentimens; comme on ne lui a pas dit qu'il y a de l'honneur à pardonner une injure, à servir un ennemi, à oublier le mal dont on a été la victime; comme on ne lui a pas dit qu'il y a du courage à vaincre son égoïsme, à résister à ses passions, à supporter les peines de la vie; comme on ne lui a pas dit, non plus, que la mort est une arme dont Dieu seul a le maniement, elle a pris cette arme entre ses mains et s'en est servie à sa manière; elle a cru qu'une vie pleine de souffrances ne devait pas être longtemps supportée, et elle a voulu s'en affranchir elle-même, sans l'ordre de Dieu; elle a cru qu'une atteinte à sa dignité était une tache assez profonde pour n'être effaçable qu'avec du sang, et elle a invoqué le génie du duel, qui est venu lui parler de meurtre et d'assassinat.

Ces désordres sont graves et veulent une répression ; mais, encore une fois, n'accusons pas la jeunesse. Accusons plutôt l'esprit du siècle qui l'a entourée d'influences corruptrices et d'atmosphères empoisonnées ; accusons plutôt ce venin de l'égoïsme qui, passant dans les veines de la société, est venu la corrompre dans son essence la plus pure ; accusons plutôt cette tendance des esprits à se rétrécir et à se traîner dans la fange des intérêts matériels, plutôt qu'à s'ouvrir à de nobles idées, et à s'élever peu à peu vers le bien sur les ailes de l'éducation.

L'éducation, nous le répétons, est le moyen suprême, la dernière ressource qui nous reste pour arriver enfin au but de toutes nos réformes ; et sa mission est grande, noble, sublime. Elle doit créer des hommes nouveaux pour une société qui se régénère ; elle doit veiller sur les intérêts d'une jeunesse ardente qui se rattache à elle, comme à une dernière branche de salut ; elle doit consulter ses goûts, ses tendances, ses besoins nouveaux, ses éternelles nécessités ; elle doit distinguer ses vertus pour les entretenir, ses vices pour les combattre, ses passions pour les diriger; elle doit enfin jeter, dans toutes les consciences, l'intelligence des devoirs qui unissent les hommes entr'eux, par une chaîne de souffrances, de privations et de douloureux sacrifices.

C'est ainsi qu'en moralisant cette jeunesse, aussi apte à recevoir des impressions de vertu que facile à corrompre par des influences vicieuses, l'éducation la préparera de bonne heure à suivre, au milieu des épines, cette route difficile de la vie, pour ne s'arrêter qu'à l'instant suprême où le doigt de Dieu lui apparaîtra.

C'est ainsi qu'avant de livrer cette jeunesse aux intempéries de la société, l'éducation voudra l'assurer, en quelque sorte, contre les orages qui l'attendent, en lui jetant sur les épaules, son manteau de courage, de résignation et de vertu.

C'est ainsi qu'elle lui dira : « Du courage, toujours du « courage ! Il n'y a de vertu qu'à cette condition.

« Courage, pour vaincre votre égoïsme et devenir « bienfaisans !

« Courage, pour vaincre votre indolence et avancer « dans toutes les voies honorables de l'étude !

« Courage, pour défendre la patrie, et protéger votre « semblable en toute mauvaise rencontre !

« Courage, pour résister aux mauvais exemples et aux « injustes dérisions !

« Courage, pour endurer les maladies, les peines, les « angoisses de tout genre, sans misérables lamenta- « tions !

« Courage, pour aspirer à une perfection, à laquelle on « ne saurait atteindre sur la terre ; mais à laquelle il « faut aspirer, selon la parole sublime de l'Évangile, si « nous ne voulons perdre toute noblesse et toute di- « gnité !

« Courage, enfin, pour être doux et pardonner, du « fond de votre âme, aux infortunés qui vous nuiront, « ou voudront vous nuire !...

« La rancune est un mélange d'orgueil et de bas- « sesse : en pardonnant un outrage, d'un ennemi vous « pouvez faire un ami, et ramener un homme corrompu « à de plus nobles sentimens.

« Oh ! le consolant et beau triomphe ! qu'il surpasse
« en grandeur les horribles victoires de la vengeance !.. »

(SYLVIO PELLICO.)

Telle sera la mission, tels seront les principes de l'éducation morale que nous invoquons. Si, fidèle à ces principes, la jeunesse a enfin le courage de résister aux passions vicieuses qui l'assiégent, aux exemples funestes qui l'environnent, aux dangereuses influences qui la poursuivent ; alors nous pourrons tout attendre de son dévouement, de sa franchise et de son amour pour le bien ; alors nous pourrons admirer, roulant en paix sur son axe, la société régénérée par l'éducation ; alors nous pourrons dire avec force : espérance, espérance !... La civilisation reprend sa marche, et marche à plus grands pas ; son soleil plus brillant se dégage, comme une aurore nouvelle, des nuages dorés de l'horizon, et notre avenir se couronne d'une auréole de prospérité !

Première Partie.

QUESTION HISTORIQUE.

ORIGINE DU DUEL.

SON HISTOIRE, DEPUIS SON ORIGINE JUSQU'A NOS JOURS.

Quoique violemment ébranlé par la tempête philosophique, quoique sapé à sa racine par la hache révolutionnaire, le vieux chêne féodal n'a pas encore entièrement lâché prise, et ses dernières branches se balancent encore pleines de vie dans les ténèbres du préjugé. Si, des hauteurs de la philosophie, nous promenons nos regards sur la société qui nous entoure, nous la voyons nuancée d'une foule d'opinions diverses, héritage des temps passés, dont la partie impure disparaîtra bientôt sous les pas de la civilisation. De toutes ces opinions, une des plus enracinées, non pas dans nos mœurs, mais dans nos habitudes de tolérance et de respect pour les usages, c'est celle qui, faisant de l'honneur un insupportable tyran, couvre d'ignominie l'honnête homme offensé qui refuse d'attaquer, de prime abord, la vie de son semblable, et donne tous les titres d'honneur au spadassin de profession dont toute la vertu repose sur la pointe d'une épée.

Tel est, en effet, l'usage du duel dont l'origine nous ramène à des époques de barbarie, de superstition et de fanatisme; et qui, par conséquent, dans un siècle d'étude, de science et de raison comme le nôtre, devrait n'être plus pour nous qu'un historique souvenir.

Pourtant il n'en est point ainsi : car, si une époque de décadence est certainement arrivée pour tout ce qui est contraire aux lois de l'humanité, le duel trouve encore place sur notre scène moderne et se détache comme un anachronisme sur l'harmonieux tableau de nos mœurs épurées. Mais comme nos idées progressives, en jetant pêle-mêle dans le creuset de réforme tout ce qui s'opposait à leur marche civilisatrice, ont su modifier ce qu'elles ne pouvaient faire entièrement disparaître, le duel a subi le sort de tous les usages féodaux qui sont venus se dépayser parmi nous; et, s'il a été oublié par mégarde, au milieu de l'épurement général, au moins a-t-il changé de nature et de mobile : c'est ce qu'un coup-d'œil rapide sur l'histoire nous servira à établir.

Tous les auteurs ne s'accordent pas sur l'origine du duel.

et les différentes opinions qui ont été émises sur cette question placent cette origine à des époques différentes. Quelques auteurs font remonter l'institution du duel aux premières années du monde ; d'autres cherchent son berceau au milieu des fleurs de l'antiquité ; ceux-ci le croient enfoui dans les épaisses ténèbres de la barbarie primitive ; ceux-là pensent le trouver au milieu des siècles d'ignorance, de fanatisme et de superstition : c'est cette dernière opinion qui a prévalu ; c'est en effet la plus vraisemblable, et par conséquent la plus admissible.

Une chose à remarquer, c'est que la première des opinions que nous venons d'énoncer, celle qui place l'origine du duel aux premières années du monde, n'a été émise que pour justifier en quelque sorte les combats singuliers auxquels se livrait le clergé du moyen-âge, et réfuter pour ainsi dire cette maxime fondamentale de l'Église catholique : « *Ecclesia horret à sanguine.* » En effet, à cette époque d'ignorance, la superstition était reine ; tout s'expliquait par des raisonnemens de convention, et la nécessité seule servait de logique. Les ecclésiastiques eux-mêmes, dans leurs justices seigneuriales, se laissèrent aller au torrent ; et le duel qui était alors tout le code féodal, fut admis par eux comme une irrésistible nécessité. « On chercha même, » dit M. Dupin, « à légi-
« timer cet abus en l'appuyant sur la sainteté des écritures :
« dans une histoire du duel, écrite en 1740 par un juriscon-

« sulte, d'ailleurs très éclairé, on voit l'origine du duel re-
« monter jusqu'aux premières années du monde. L'auteur
« soutient qu'Abel et Caïn *sortirent du champ* pour se battre
« en duel, et décider, par un combat singulier, une querelle
« née dans la maison paternelle. Abel succomba, parce que
« Caïn animé d'un esprit de vengeance, se battait avec plus
« de vigueur que son frère dont l'innocence et la douceur
« devaient lui donner les chances les moins favorables. Mais,
« ajoute M. Dupin, si cet auteur avait lu la Bible, il aurait
« vu que Dieu dit à Caïn : *Le sang de votre frère s'est élevé*
« *jusqu'à moi ;* et que du haut du ciel il avait prononcé sa
« malédiction sur le duelliste, si ce n'est sur l'assassin :
« *tu maledictus eris.* »

Ce n'est donc point aux premiers temps du monde qu'il faut aller chercher l'origine du duel : avançons de quelques pas, et voyons si, dans l'antiquité, nous n'en trouverons pas quelques traces Les auteurs qui pourraient nous donner le plus de renseignemens sur cette question, appuient leur opinion, un peu hasardée, ce nous semble, sur un usage adopté par les mœurs antiques, qui trouvaient mieux de remettre à deux champions désignés par le sort la destinée d'un royaume, que d'arroser un champ de bataille du sang de toute une armée. Mais la différence est si grande entre ces combats d'homme à homme, jadis ordonnés pour le salut des empires, et le duel, tel que nous le connaissons, qu'il est, à notre avis, tout-à-fait impossible de trouver entr'eux, même la moindre analogie. D'un côté, c'est la colère, c'est la vengeance, c'est l'orgueil qui mettent le fer aux mains des combattans; de l'autre, c'est un sentiment véritablement généreux, c'est l'amour de la patrie, c'est le respect du sang humain qui portent deux braves à se sacrifier pour cent mille de leurs frères. Aussi dans les luttes antiques dont nous venons de parler, le vainqueur n'était pas seul à recueillir des palmes de gloire, car le plus souvent celui qui était mort pour une si belle cause recevait sa part du triomphe. Dans le duel, au contraire, comme aucun sentiment généreux n'a présidé à la prise d'armes; comme la nécessité même ne peut être proposée comme excuse, l'infamie retombe sur le vainqueur comme sur le vaincu, car la victoire est un crime dont l'impunité perpétue le scandale.

Cependant, il faut tenir compte de quelques exemples qu'on pourrait invoquer en faveur d'une opinion contraire à la nôtre. Tout le monde a lu dans les Commentaires de César l'histoire de ces deux centurions qui, toujours jaloux et toujours ennemis l'un de l'autre, vidèrent leurs querelles par un défi. Mais ce défi n'était pas, comme chez nous, de montrer qui des deux champions aurait le plus d'adresse à manier l'épée contre l'autre: non, les conditions du combat et de la victoire étaient mieux réglées et mieux entendues; car le premier mot du cartel était que l'avantage appartiendrait non pas à celui qui aurait tué l'autre, mais à celui qui, pendant le cours d'une bataille, aurait fait les plus éclatantes actions et renversé le plus grand nombre d'ennemis au profit de la patrie. A une époque où la guerre était l'état normal de la société, les occasions ne pouvaient leur manquer de mettre leurs courages à l'épreuve ; et, à la première bataille. les deux braves étaient dans la mêlée, luttant, non pas l'un contre l'autre, mais l'un avec l'autre contre les ennemis communs ; et bientôt, l'un des deux ayant, au prix de son sang, conquis tous ses titres d'honneur, étant blessé et terrassé à son tour, fut secouru par son rival, qui, après avoir rempli ce pieux devoir, regagna les rangs de ses frères d'armes pour venger la mort de celui qui avait été son ennemi.

Tels étaient les duels des Romains. Quelle différence avec cet usage échappé aux temps de barbarie qui, donnant des règles au meurtre, déguise l'assassinat en méthode et en mesure ; avec cette extravagance, qui, sans éteindre dans le poltron l'amour de sa vie, le mène tremblant et demi-mort se faire tuer par un vil spadassin que la société confond avec un homme de cœur !...

L'opinion contraire à la nôtre pourrait peut-être encore s'appuyer sur cet usage antique qui, à Rome surtout, faisait battre en champ clos, au milieu d'un cirque de fête, deux hommes, deux esclaves, et presque toujours deux malfaiteurs.

On sait qu'une telle lutte devait servir aux horribles délassemens de cette population romaine qui, toute grande et toute magnanime qu'elle était, se sentait entraîner à ces spectacles de sang par un esprit guerrier d'où elle tirait toute sa gloire. Sans doute il y a quelque ressemblance entre ces deux hommes qui luttent l'un contre l'autre d'adresse, de force et de cruauté, aux regards de tout un peuple qui les encourage, et ces deux champions du duel moderne, qui, en présence de quatre témoins assez lâches pour les laisser s'entretuer sous leurs yeux, cherchent, dans le sein l'un de l'autre, de quoi satisfaire une vengeance qui, le plus souvent, n'a d'autre motif qu'un sentiment brutal d'orgueil et d'égoïsme. Cependant, il y a loin encore de ces spectacles d'hommes sacrifiés aux plaisirs de la foule, à cet usage des temps modernes que la foule adopte sans doute, mais dont le culte est basé sur un intérêt personnel et non sur une distraction sociale. D'ailleurs s'il était nécessaire de poursuivre une telle comparaison pour démontrer clairement la différence qui existe entre les deux époques, nous dirions que les gladiateurs de Rome étaient des gens sans aveu, esclaves chargés de chaînes, et portant sur leur tête une condamnation qui devait la faire tomber tôt ou tard ; tandis que nos duellistes modernes sont des hommes coupables, criminels même, nous le disons hautement, puisque le duel est un crime ; mais non pas infâmes, puisque leur action ne se fonde que sur un sentiment d'honneur, faux, sans doute, mais qui n'en a pas moins de force aux yeux de la société. Nous irons plus loin : et nous plaçant diamétralement en face de l'opinion contraire, nous lui dirons qu'elle se trompe quand elle cherche l'origine du duel dans les combats dont nous venons de parler ; car, au contraire, nous y trouvons la cause la plus vraisemblable de l'absence complète du duel chez les Romains. Ce peuple, d'un esprit orgueilleux et dominateur, cherchant toujours à s'élever par des sentimens de grandeur et de puissance, attachait trop de prix au titre glorieux de citoyen, pour autoriser ceux qu'il en avait investis à disposer de leur vie dans un combat singulier. Il aurait craint que le monde et l'histoire peut-être n'assimilassent à ces hommes esclaves et avilis qui servaient aux plaisirs de la foule, l'homme libre qui se serait ainsi donné en spectacle pour satisfaire une passion et le plus souvent un caprice.

Admirons donc ce peuple modèle qui, à une époque si éloignée de la nôtre, nous donne encore l'exemple d'une raison si logique, d'une modération si calme, d'une civilisation si avancée ! Admirons surtout cette belle réponse de Marius à un spadassin de profession qui, jaloux de sa gloire, lui avait porté un défi : « *Si tu es las de vivre, va te faire pendre* ! «

Puisque l'antiquité, puisque les temps primitifs restent muets sur la question qui nous occupe, descendons de quelques degrés, et arrêtons nous enfin au moyen âge, à cette époque si étrange et si admirable quelquefois, dont la science moderne nous a révélé tous les secrets. Grâce en effet à la tendance du siècle vers les hautes études, nous sommes entrés de plein pied sous ces voûtes immenses où la religion, vêtue en quelque sorte d'un double manteau, mêlait aux pures couleurs du christianisme les teintes bariolées du paganisme détrôné; nous entendons encore ces bruits confus et discordans où l'ignorance, la superstition, le sacrilége, le fanatisme mêlaient leurs paroles incertaines; nous assistons encore au spectacle étrange de ce chaos social d'où devait sortir, brillante et pure, la civilisation moderne.

Mais si, en arrêtant nos regards sur cette époque pour les reporter ensuite sur des siècles plus rapprochés de nous, nous avons admiré la marche progressive des évènemens et l'œuvre encore inachevée de l'épurement social; nous avons pu aussi quelquefois remarquer à la surface du courant bien des impuretés que les vagues auraient dû engloutir, et nous nous sommes étonnés de voir arriver jusqu'à nous des lambeaux de fange dont une partie était restée à la source.

Pourquoi donc tous ces anachronismes que l'histoire aura le droit de nous reprocher un jour? Ces usages qui étaient à leur place quand ils étaient adoptés par une société naissante et incomplète, pourquoi les avoir adoptés nous-mêmes, nous qui nous vantons, à tant de titres, d'être arrivés au but d'une civilisation accomplie? Pourquoi nous trouvons-nous en ce moment dans la nécessité de combattre un fléau qui aujourd'hui déshonore notre société, lui qui autrefois était regardé comme une volonté divine? Car, il ne faut pas s'y tromper, c'est à la religion, mais à la religion incomprise, qu'il faut attribuer l'origine du duel.

Tel est, en effet, le sort de tous les grands événemens sociaux : sortis purs de l'influence divine, s'ils passent par les mains des hommes, ils se ternissent, s'altèrent et se détériorent. Telle a été dès son principe la religion chrétienne, cet admirable monument dont Dieu lui-même avait posé la première pierre, et qui, en s'élevant sous des mains humaines, a tout à coup changé de caractère et de destination.

Le Christ avait dit : « Cette terre est un exil; le ciel est la « seule patrie, et Dieu seul est puissant! « Et sur ces paroles de vérité, les hommes ont brodé les plus inconcevables erreurs. C'est ainsi qu'ils ont dit : « L'homme n'est rien sur cette « terre; l'homme est impuissant à juger le bien et le mal; « l'homme doit rester neutre toutes les fois qu'il s'agit de « punir ou d'absoudre! » C'est ainsi qu'à une époque de régénération sociale, où les mœurs encore au berceau ne pouvaient recevoir les enseignemens de la loi, les disputes humaines étaient soumises à un tel degré de superstition qu'on était convaincu que l'homme injuste succomberait infailliblement dans un soi-disant *jugement de Dieu*, grâce à la juste Providence!.. Par suite de cette croyance erronée, le duel était, non seulement permis, mais ordonné et exécuté sous les auspices de l'autorité judiciaire. On pensait, et c'est dans cette persuasion que fut établie cette étrange procédure, on pensait que l'auteur de toute sagesse et de toute justice devait diriger lui-même le bras du vainqueur et paralyser celui du vaincu. Personne ne doutait que le vaincu ne fût un homme injuste et réprouvé : et c'est pour cela qu'on l'accablait de tant de mépris, qu'on lui refusait jusqu'à l'honneur suprême de la sépulture, que ses héritiers eux-mêmes étaient punis par la privation de ses biens qui devenaient l'apanage du fisc.

Ce combat, tout étrange et tout barbare qu'il était, n'avait cependant pas, à l'époque dont nous parlons, le caractère qu'il a pris plus tard et qu'il a conservé jusqu'à nos jours. Sans doute il avait pour berceau le préjugé le plus inconcevable; mais comme une idée religieuse veillait sur lui, son existence était sacrée, et personne ne songeait à la compromettre. C'était d'ailleurs la seule procédure qu'on pût alors invoquer pour arriver à l'application de la loi; c'était l'unique forme d'instruction à laquelle on pût recourir pour arriver à la découverte de ce qu'on appelait alors la vérité. Aussi avait-on réglé les formalités du combat, comme de nos jours les débats judiciaires sont soumis à des règles dont personne n'a le droit de s'écarter. C'est ainsi que nul ne pouvait se justifier par le duel d'un crime qu'il aurait commis à la vue ou à la connaissance d'un certain nombre de personnes ; car dès qu'il était de notoriété publique que l'accusé était le vrai coupable ; dès que le crime était flagrant et le criminel reconnu par tous, il n'y avait lieu à aucune procédure préliminaire ; le duel devenait inutile, et la loi recevait immédiatement son application.

Ainsi protégé et favorisé par l'autorité supérieure, le duel se multipliait d'une manière effrayante ; chacun voulait s'exercer au maniement des armes ; on étudiait les secrets de l'épée, comme de nos jours on étudie les dispositions de la loi : ceux qui, par leur constitution physique ou leur position sociale, ne pouvaient se battre en personne, avaient à leur service des gens dont le métier journalier était de se mesurer avec les autres ; les femmes et les prêtres même avaient leurs champions qui, pour quelques sous, se chargeaient de plaider leurs causes avec la pointe de leur épée.

Tous ces procédés finirent par compromettre la sûreté publique : car après s'être battu pour soutenir un droit véritable, on voulut se battre pour terminer les plus futiles querelles ; et le duel qui n'était, dans son principe, qu'un moyen légal d'arriver à l'application de la loi, ne tarda pas à être soumis aux caprices de l'arbitraire et aux exigences du bon plaisir. Il fallut donc aviser aux moyens d'arrêter un mal qui, dans ses débordemens, menaçait d'engloutir toute une société ; les papes, les évêques, les conciles comdamnèrent ces désordres et prononcèrent l'anathème contre les duellistes ; les empereurs et les rois s'accordèrent pour le même but : et l'on trouve dans l'histoire des preuves nombreuses de cette lutte des gouvernemens contre une société qui se démoralisait.

Luithprand, roi des Lombards, appelait *impie* l'usage du duel et ne put l'abolir ; Frédérich 1er, dans ses constitutions de Sicile ; Frédérich II en Autriche ; Edouard en Angleterre ; Saint-Louis en France, prirent les mesures les plus sévères pour sauver leurs états du fléau destructeur qui commençait à les ravager. Mais vains furent leurs efforts : le torrent ne tarda pas à rompre sa digue ; et sa course recommença plus impétueuse que jamais. Philippe-le-Bel qui, à l'exemple de Saint-Louis, son aïeul, avait fait une loi contre les duels, « fut obli-
« gé de les permettre, dit l'auteur du *Nouveau Praticien fran-*
« *çais* (éd. 1702), par une ordonnance de l'année 1306, regis-
« trée au parlement, et rapportée dans l'ancien style dudict
« parlement, non pas indéfiniment, mais en certains cas
« seulement, scavoir : *au deffaut de preuves d'un crime digne*
« *de mort* commis en trahison, dont il y avait de grands in-
« dices, et de fortes présomptions. Et Maistre Charles du
« Molin, parlant de cette ordonnance en ses notes sur cet
« ancien style du parlement, dit qu'elle n'a pas été faite pour
« approuver les duels ; mais seulement pour les réprimer au-

« tant que le pouvaient les mœurs et la corruption du siècle « auquel elle a été faite. »

Ce ne fut qu'au seizième siècle qu'on songea sérieusement à réprimer le duel : alors les combats judiciaires avaient complètement cessé; des lois plus sages et plus en harmonie avec des mœurs moins barbares avaient été substituées à l'épreuve de ce qu'on avait appelé les *jugemens de Dieu*; et tout faisait espérer une amélioration complète dans l'état social. Il n'en fut pas ainsi : la noblesse qui avait seule le privilége des armes dédaigna d'avoir recours dans ses querelles aux moyens pacifiques de transaction que la bourgeoisie trouvait dans la loi nouvelle; le culte de l'épée continua, et les duels se multiplièrent toujours. Il fallut encore une fois tenter une épreuve de réforme : Charles IX et ses successeurs firent des lois nombreuses qui déclarèrent le duel *crime de lèze-majesté*, et, comme tel, le punirent de mort. Ce fut sous Louis XIII que ces lois sévères reçurent leurs plus solennelles sanctions : tout le monde a lu les sombres histoires de ces duellistes punis de mort aux termes des nouveaux édits; et personne n'a oublié la scène sanglante du 22 juin 1627, où les comtes de Montmorency, Bouteville et Deschapelles, livrèrent leurs têtes au bourreau.

« Néanmoins, continue l'auteur du *Nouveau Praticien*, tous « ces édits et déclarations, et les punitions rigoureuses et

« exemplaires qui ont été faites en exécution d'icelles, n'a-
« yant encore pu arrester la fureur des duels, le roy Louis
« XIV, présentement régnant a fait un édit au mois de juin
« de l'année 1643, vérifié au parlement le 11 aoust de la
« même année, par lequel, pour retrancher toutes les occa-
« sions des duels, il ordonne d'abord plusieurs expédiens,
« dont ceux qui auront esté offensez ou appellez en duel,
« pourront se servir pour mettre leur honneur à couvert, et
« ne point être sujets aux peines portées par cet édit contre
« les contrevenans.

« Ensuite, cet édit établit de très grandes peines contre ceux
« qui auront appelé en duel ceux par qui ils prétendent avoir
« été offensez, et aussi contre ceux qui, étant appelez en
« duel, auraient accepté l'appel.

« A l'égard de ceulx qui se seront battus en duel, cet édit
« porte qu'ils seront punis de mort ; et que si l'appelant ou
« l'appelé, ou tous deux sont tuez, le procès sera fait à la
« mémoire des morts, comme criminels de leze-majesté di-
« vine et humaine, et leurs corps traînez à la voirie, avec
« défenses aux curez et aultres ecclésiastiques de les enterrer
« en terre sainte. »

Une chose qu'il ne faut pas laisser échapper sans remarque, c'est qu'à l'époque de l'histoire où nous sommes arrivés, le duel, non seulement s'est considérablement modifié, mais encore, il faut le dire, a complètement changé de nature. Nous l'avons vu prendre naissance au moyen âge, au milieu des ténèbres de la barbarie; c'était alors un acte licite, puisque la loi, loin de chercher à le punir, l'autorisait et l'ordonnait même dans certaines circonstances. Si l'on cherchait à induire de ce fait, que, de nos jours, le duel n'ayant pas changé de forme, doit être, sinon autorisé par la loi, au moins toléré par l'opinion publique, on s'exposerait à marcher contre la raison; et les hommes sensés s'en gardent toujours. Si, au moyen âge, le duel était un acte licite, c'est, comme nous l'avons dit en commençant, parce que la superstition de cette époque ténébreuse y voyait un moyen de remplacer l'incertitude des jugemens humains par l'infaillibilité de ceux de la Providence; parce qu'une erreur grossière dans sa manifestation, mais respectable dans son origine, en avait fait l'expression d'une pensée religieuse, et la révélation d'une divine volonté. Plus tard, comme nous l'avons dit aussi, le duel renia sa mère primitive, et, après avoir pris naissance au sein de la superstition, il se fit adopter par la vanité de certains hommes, qui crurent honorer leur noblesse en méprisant la justice commune. D'après les idées qui dominaient l'époque à laquelle nous faisons allusion, un gentilhomme offensé aurait craint de ternir sa glorieuse réputation de bravoure en appelant au secours de son honneur l'autorité de la loi; ce qui était pour la roture une garantie suffisante de protection ne lui paraissait pas digne d'occuper un instant sa noblesse ; il ne pouvait relever que de lui-même et de son épée ; et demander aux tribunaux la réparation d'une insulte, eût été pour lui une insulte de plus.

Bientôt la société changea de face ; une grande révolution s'accomplit ; les distinctions de classes disparurent ; on put alors espérer que le duel qui paraissait en être la suite, disparaîtrait avec elles. Mais l'espérance fut vaine ; le duel est venu jusqu'à nous ; et, après avoir suivi pas à pas ses différentes modifications, nous allons le retrouver encore, mais encore sous une face nouvelle. En effet, si la révolution de 1789 n'a pu parvenir à entraîner le duel dans le gouffre des abus, elle a su au moins en modifier la nature, en changer le mobile ; et son œuvre est encore grande d'avoir su déplacer une pareille maladie. Ce n'est plus comme gentilhomme, c'est comme homme que l'on se bat aujourd'hui ; l'épée n'étant plus l'arme privilégiée d'une certaine portion de la société, la société tout entière s'est octroyé le droit de s'en servir à sa guise ; ce n'est plus ce préjugé de caste ou cette vanité qualifiée de point d'honneur qui conduit l'homme offensé sur le terrain ; c'est le besoin d'une réparation qu'en sa conscience on abandonnerait volontiers peut-être, mais qu'il faut accorder à une société encore pleine d'erreurs et de vieux souvenirs.

Qu'est-il donc devenu cet usage des temps passés qu'une

illusion religieuse avait élevé à la hauteur d'un devoir, et qu'une raison savante tend à faire descendre au dernier échelon du crime? Qu'est il-donc maintenant, dépouillé de cette erreur superstitieuse qui, ainsi que nous le disions tout à l'heure, en faisait une révélation de la volonté divine, si ce n'est l'acte matériel et brutal par lequel un homme dispose de sa propre vie et de celle de son semblable, contrairement à toutes les idées qu'une sage philosophie a su introduire parmi nous?

La légalité d'un pareil acte, en un temps où l'on conteste à la société elle-même le droit de disposer de la vie d'un coupable, ne saurait être sérieusement soutenue; aussi nous bornerons-nous à quelques observations pour réfuter le plus brièvement possible le peu d'objections dont on argumente en faveur d'une cause perdue d'avance.

Deuxième Partie.

QUESTION MORALE.

MORALITÉ DU DUEL.

RÉPONSE A QUELQUES OBJECTIONS.

En analysant avec soin ce qui se passe dans l'acte du duel, on peut facilement remarquer que cet acte, qualifié crime par toutes les intelligences éclairées, n'est autre chose que la réunion et en quelque sorte la fusion de deux autres crimes, dont l'un est puni par toutes les lois humaines, dont l'autre ne relève que de la justice divine; nous voulons parler de l'homicide et du suicide. La gravité de ces deux crimes, fondée sur l'inviolabilité de la vie de l'homme, après avoir été l'objet des plus sérieuses controverses, est aujourd'hui tellement évidente, que, sans nous jeter dans des théories qui, loin d'éclairer notre marche, ne feraient que l'envelopper de ténèbres, nous parviendrons facilement à l'établir par quelques mots de discussion.

Et d'abord : Dieu a créé l'homme à son image ; il lui a donné une âme immatérielle ; il l'a doué d'une volonté libre, intelligente et active ; il lui a dit, Existe, pense, agis ! Cette vie, qui est son ouvrage, il la tranche ou la prolonge à sa volonté ; personne autre que lui ne peut avoir sur elle le droit le plus absolu ; aucune puissance, si ce n'est la sienne, ne peut s'exercer sur elle de la manière la plus large et la plus despotique. L'homme ne peut donc ni détruire ni aliéner cette vie dont il n'a en quelque sorte que l'usufruit ; et toutes les fois que sa raison est saine et sa conscience naïve, il conçoit et sent envers celui de qui il l'a reçue son devoir de la respecter. De là cet instinct de conservation qui est naturel et commun, non seulement à tous les hommes, mais encore à toutes les créatures animées ; de là cette crainte de la mort qui se révèle à nous dès qu'un danger quelconque nous menace ; de là ce sentiment intime qui nous pousse toujours à respecter notre vie tant qu'une passion étrangère n'est pas venue le contrebalancer.

Or, si l'homme raisonnable, c'est-à-dire doué de cette faculté intime qui n'appartient qu'à lui et qui siége dans sa conscience, ne se croit aucun droit sur cette existence sacrée qu'il ne tient que de Dieu, comment ira-t-il s'imaginer avoir une puissance quelconque sur elle en la rencontrant dans son semblable ? comment pourra-t-il concéder sur elle, à son semblable, un droit d'anéantissement et de destruction ?

C'est cependant ce que vous faites, apologistes erronés de l'acte criminel que, nous combattons, quand vous posez en principe que, du jour où vous possédez une vie, cette vie est un bien dont vous pouvez disposer selon vos caprices; c'est cependant ce que vous faites quand, pour satisfaire la plus coupable vanité, vous foulez aux pieds les lois les plus saintes et les plus inviolables.

Vous savez que la société réclame tous les jours de votre intelligence sa part de concours à l'œuvre de civilisation qu'elle a entreprise ; vous savez que tous les jours elle exige de vous quelque chose de plus noble que la satisfaction gratuite de vos plaisirs, de vos intérêts, de votre orgueil, de votre égoïsme : mais comme vous ne sentez pas en vous-mêmes la vertu nécessaire pour soutenir jusqu'à la fin un rôle de patience et de modération ; comme aussi les passions mauvaises viennent assiéger de toutes parts vos natures énervées, la force vous manque pour leur opposer un frein capable de les contenir, et vous vous laissez emporter par elles jusque dans l'abîme le plus profond.

L'homme véritablement sage et digne de tous les trésors

que Dieu lui a prodigués, est donc celui qui, acceptant la vie comme un dépôt qu'il doit religieusement garder jusqu'à ce que Dieu lui-même le lui redemande, sait mettre à profit, pour l'amélioration et le perfectionnement de son espèce, les deux riches accessoires de ce dépôt précieux, l'intelligence et la raison. Aussi, sachant apprécier au degré le plus élevé la valeur de cette vie dont toutes les richesses sont à sa libre disposition ; sachant surtout respecter le droit que Dieu s'est expressément réservé sur elle, l'homme véritablement sage, qui rencontre dans son semblable une vie entièrement conforme à la sienne, ne tarde pas à comprendre que cette vie a, même dans un ennemi, les mêmes droits à son admiration et à son respect.

Une foule de circonstances peuvent, il est vrai, se présenter dans la vie de l'homme, à l'occasion desquelles ce dernier peut faire, d'une manière plus ou moins absolue, abnégation du sentiment naturel que nous venons d'examiner ; mais, avant tout, ce que nous tenons à établir d'une manière positive, c'est que l'homme tel que Dieu l'a créé, l'homme dans l'état de nature et de froide raison, ne se laissera jamais dominer par une pensée d'anéantissement et de destruction ; et que toutes les fois qu'il aura assez de courage pour affronter une mort certaine ou un péril imminent, c'est qu'une passion étrangère sera venue, dans sa tête, faire balance avec l'instinct de conservation que la nature lui a donné.

Tantôt, c'est un soldat que la patrie a envoyé sur un champ de bataille pour la défendre contre ses ennemis : mille privations, mille dangers, mille morts l'attendent ; mais il bravera tout avec un admirable courage, parce qu'il sera sous l'influence d'un sentiment d'exaltation, honorable sans doute, mais toujours en opposition avec sa nature primitive. Si, au contraire, il raisonnait un seul instant ; si, un seul instant, il calculait à froid les minutes qui lui restent encore à vivre ; si enfin aucune idée de gloire ou de fortune ne venait lui faire oublier tous les périls qu'il aura à affronter ; nous ne craignons pas de le dire, nous le verrions bientôt fuir ce champ de bataille, théâtre de ses prochains exploits, pour éviter une mort certaine qu'il aurait vue de loin dans toute son horreur.

Tantôt, c'est un homme courageux et dévoué qui, à l'aspect du péril qui menace l'un de ses semblables, oublie que lui aussi a une vie précieuse à conserver, et cherche à ravir sa proie à la mort la plus imminente, par tous les moyens qu'une influence énergique met à la disposition de son courage. C'est qu'alors la vue du danger qui menace l'infortuné qu'il protège, lui fait entièrement oublier celui au devant duquel il se précipite ; c'est que l'affection, l'intérêt, la générosité, l'orgueil peut-être, viennent tour à tour anéantir en lui l'instinct de conservation ; c'est que peut-être aussi un sentiment indéfinissable de respect pour l'œuvre de Dieu, lui fait apprécier la valeur d'une vie humaine à un tel degré, qu'il va jusqu'à jouer la sienne pour en sauver une autre qui va périr.

Tantôt, et ici nous rentrons de plein pied dans le chemin que nous avons à suivre, ce sont deux champions, exaltés jusqu'à la folie par un sentiment inconcevable d'orgueil et de vanité, qui se présentent l'un à l'autre, armés chacun d'un instrument de mort, pour satisfaire l'un contre l'autre un indéfinissable besoin de vengeance qu'ils ont qualifié de point d'honneur, et qui vient contrebalancer en eux l'horreur du danger, la crainte de la mort, l'instinct de conservation. Ici nos paroles seront sévères; car, si, dans les deux cas précédemment cités, nous avons en quelque sorte justifié l'abnégation de soi-même, que faisait chacun de nos deux héros, c'est que les sentimens dont ils étaient mus, étaient des sentimens honorables et avoués par la morale la plus sévère; tandis que dans le cas de duel dont nous parlons, nous ne voyons rien, absolument rien, qui puisse donner lieu à la moindre justification; attendu que, dans cet acte odieux, depuis l'abnégation illégitime de la vie, jusqu'aux sentimens les plus bas de haine et de vengeance, tout est contraire aux lois naturelles et divines; tout est réprouvé par la morale, même la plus tolérante.

Tout cela, dira-t-on, est du droit naturel; mais tout le

monde sait que ce droit primitif, dont la nature nous donne à tous les premières leçons, a été modifié, dans beaucoup de ses parties, par les diverses institutions que les hommes, réunis en société, ont été forcés d'établir. Ainsi, quoi de plus contraire au droit naturel que la guerre dont le duel est en quelque sorte l'image et la conséquence? Et cependant, cet usage que le droit des gens a institué et perpétué jusqu'à nous, est encore d'une nécessité tellement évidente, qu'aucune loi humaine ne pourrait le détruire. Si donc vous voulez abolir le duel par principe d'humanité, changez d'abord le droit des gens; abolissez la guerre qui n'est autre chose que le duel sur une échelle plus étendue.

Pour répondre à cette objection, qui, en définitive, n'a pour elle que la subtilité d'un sophisme, il nous suffirait à la rigueur de rappeler textuellement ces belles paroles de Montesquieu, qui établissent d'une manière si claire et si positive la différence qui existe entre le droit de guerre de nation à nation, et le droit de défense de citoyen à citoyen : « Entre « les citoyens, dit l'auteur de l'*Esprit des Lois*, le droit de la « défense naturelle n'emporte pas avec lui la nécessité de « l'attaque. Au lieu d'attaquer, ils n'ont qu'à recourir aux « tribunaux. Ils ne peuvent donc exercer le droit de cette « défense que dans les cas momentanés où l'on serait perdu « si l'on attendait le secours des lois. Mais entre les sociétés,

« le droit de la défense naturelle entraîne quelquefois la néces-
« sité de l'attaque, lorsqu'un peuple voit qu'une plus longue
« paix en mettrait un autre en état de le détruire et que l'at-
« taque est dans ce moment le seul moyen d'empêcher cette
« destruction. » (*Esprit des Lois*, T. I, L. X, Ch. 2).

Le droit de guerre ne réside donc pas, comme quelques-uns l'ont si malheureusement compris, dans le besoin que peut éprouver une nation de conquérir la gloire la plus vaine ou d'agrandir son territoire aux dépens d'un territoire voisin; mais dans la nécessité de se défendre contre les attaques réitérées d'un ennemi redoutable, et surtout dans l'impossibilité complète où elle se trouve de recourir aux moyens pacifiques de satisfaction que les lois offrent aux citoyens qui la composent.

En effet, lorsque cette nation est offensée dans son honneur, ou troublée dans ses possessions par l'ambition ou la témérité d'une nation voisine; comme aucune puissance au monde, si ce n'est elle-même, n'est en position de trancher d'une manière satisfaisante la question soulevée par un tel procès; comme aucun tribunal, comme aucune sagesse, si ce n'est Dieu, ne siége au-dessus d'elle; comme le Roi lui-même doit briser son sceptre en présence d'une telle difficulté; la conséquence naturelle de toutes ces circonstances, est que cette nation ne relève et ne peut relever que d'elle-même ; qu'elle seule peut décider de quelle manière elle exercera son droit de défense ; qu'elle seule est le tribunal compétent pour juger les droits respectifs des deux parties ; qu'elle seule enfin est habile à se faire justice contre les prétentions qui l'attaquent.

Dans une telle position, un seul moyen existe de vider la querelle des deux nations ; et ce moyen, c'est la force des armes ; c'est la défense à main armée ; c'est une guerre inévitable.

Seulement, comme ce moyen terrible ne peut-être mis en usage sans être bientôt suivi d'une infinité de maux, d'injustices et de désastres, on ne doit y recourir qu'après les plus mûres considérations. Ce n'est donc pas assez que le sujet de la guerre soit juste en lui même : pour en venir définitivement à la voie des armes, non seulement il faut qu'il s'agisse d'une chose de la plus grande importance, comme de sa propre conservation ; mais il faut aussi que l'on ait quelque apparence probable de réussite dans ses justes projets ; qu'il y ait une nécessité absolue et définitive de prendre les armes ; qu'on ne puisse enfin employer aucun autre moyen légitime pour obtenir ce qu'on a droit de reprendre, ou se mettre à couvert des maux dont on est menacé.

Telles sont, à notre avis, les seules limites où doit s'arrêter le droit de guerre que les nations possèdent comme unique moyen d'assurer leur indépendance : et, puisqu'on a prétendu assimiler le duel à ce droit sacré, nous dirons que là aussi doit s'arrêter le droit d'attaque ou de défense de citoyen contre citoyen.

Cela une fois posé comme principe, nous en tirons la conséquence naturelle que le duel, tel qu'on le définit dans le monde, c'est-à-dire l'action de se battre, l'un contre l'autre, après une convention précédemment arrêtée, ne peut jamais s'accomplir d'une manière légitime, parce que jamais, dans ce cas, il n'y a nécessité absolue et actuelle de défendre sa vie, qui ne peut jamais être réellement exposée que par une rencontre fortuite. L'impérieux devoir de notre conservation nous prescrit, il est vrai, de nous défendre contre qui nous attaque; et si, dans une lutte inattendue, nous avons attenté d'une manière légitime à l'existence d'un de nos semblables, c'est parce que nous avons défendu la nôtre contre son usurpation sacrilége; mais aussi cet état violent et hors de nature cesse tout à coup avec l'imminence et la réalitédu danger. Or, dans le cas de duel, le danger ne peut être réel et imminent, qu'autant que la rencontre a été fortuite et inattendue: ce qui ne peut jamais arriver, puisque les élémens mêmes du duel s'y opposent. La défense de soi-même est un acte commandé par la nature; et il est contre la nature de marcher de sang froid vers une mort calculée d'avance. La défense de soi-même est ordinairement violente et aveugle; elle code du duel impose des règles précises dont un homme d'honneur ne doit jamais s'écarter. La défense de soi-même ne souffre aucun retard, aucun délai; et le délai nécessaire pour choisir le terrain, les armes, les témoins d'un duel, exclut nécessairement toute précipitation. Rien n'est donc excusable dans cet acte odieux dont quelques insensés osent encore se faire les apologistes; puisque chacun de ceux qui y prennent part agit, le plus souvent, avec réflexion et sang froid, et que l'homicide qui en est la conséquence est aussi le résultat d'une volonté bien réfléchie, d'une conscience parfaitement libre, comme de la plus incontestable préméditation.

Ici nous devons prévoir une objection qui, sans être fondée en réalité, ne manque cependant pas d'une gravité apparente tout cela est vrai, va-t-on nous dire; mais avant tout, il y a une chose à observer; c'est que, malgré les pompeuses déclamations de la philosophie, de toutes les injures par voie de fait que l'on puisse faire à un homme, il est encore généralement reconnu que le soufflet est la plus grave et la plus inexcusable; ce qui est confirmé par cet axiôme de droit social : « un soufflet demande du sang. »

A défaut d'autres conséquences, cette objection prouve, selon nous, une seule chose; c'est qu'en considérant un soufflet comme une injure assez grave pour n'entrer en balance qu'avec la vie elle-même, l'humanité manque essentiellement de raison, de logique et de conséquence avec ses progrès. Si, en effet, nous cherchons dans l'histoire l'origine de la honte attachée à cette espèce particulière d'injure, nous ne tarderons pas à reconnaître qu'elle ne doit qu'à une tradition, aujourd'hui sans fondement, le degré de gravité qu'on lui assigne sur toutes les autres.

Nous avons raconté comment, à une époque d'ignorance et de barbarie, on soumettait les disputes humaines à des épreuves dont les résultats s'appelaient *jugemens de Dieu ;* ces épreuves, nous l'avons dit aussi, consistaient en des combats singuliers dont la forme s'est conservée jusqu'à nous, et se reproduit encore dans le duel tel que nous le connaissons : chevaliers et bourgeois, nobles et vilains, femmes et prêtres, tout le monde était soumis aux mêmes épreuves, tout le monde devait chercher dans le combat judiciaire la décision divine. Seulement, comme chaque corporation, comme chaque classe de la société, avait ses habitudes et ses règlemens, les formes du combat variaient à l'infini. Par suite d'un privilége exclusivement réservé à la noblesse, les chevaliers se battaient à la lance ou à l'épée, le casque au front, et le visage couvert : les vilains, au contraire, pour qui l'épée était une arme illicite et la visière du casque une trop noble défense, ne pouvaient se battre qu'à coups de bâton, la tête nue, et la face découverte ; de sorte que, dans un combat entre vilains et chevaliers, ces derniers sortaient ordinairement sains et saufs de la lutte ; tandis que leurs adversaires dont le visage avait été exposé à toutes les blessures, portaient toujours sur le front, comme une tache d'infamie, la marque de leur faiblesse. A dater de cette époque de superstition, un coup reçu à la face fut toujours regardé comme un signe d'avilissement; un soufflet donné sur la joue fut l'injure la plus grave, comme étant le partage de la plus basse classe de la société. De là cet axiôme barbare : « un soufflet de« mande du sang » ; de là cet inconcevable préjugé qui a traversé tant de siècles, tant de révolutions, tant de perfectionnemens, pour venir souiller notre société régénérée d'un souvenir odieux que l'histoire elle-même ose à peine conserver.

Maintenant que nous connaissons l'origine de l'espèce d'injure qu'on prétend ne pouvoir être lavée qu'avec du sang, voyons jusqu'à quel point la gloire d'un honnête homme peut en être atteinte; jusqu'à quel point l'honneur, tel qu'on le définit dans le monde, mérite qu'on lui sacrifie un sang précieux, une vie inviolable, une intelligence sacrée.

Tous les hommes sensés sont d'accord sur ce point que l'honneur invoqué par les partisans du duel n'a pris naissance dans le monde qu'à l'époque où l'homme, déjà dépouillé de sa nature primitive, commença à dénaturer les plus purs de ses sentimens; à faire de son courage un prétexte de cruauté, et de sa dignité naturelle un premier échelon vers l'orgueil. « Pourquoi, s'écrie Beccaria, pourquoi les duels ne sont-

« ils pas en usage entre les gens du peuple comme parmi « les grands? ce n'est pas seulement parce que le peuple est « désarmé ; c'est aussi, et surtout, parce que les hommes d'un « rang inférieur ont moins besoin de l'estime publique que « ceux d'un état plus élevé, qui se regardent les uns les « autres avec plus de défiance et de jalousie. »

Une chose à remarquer, comme venant à l'appui de cette citation, c'est qu'en effet le duel n'est en usage que chez les hommes qu'une position élevée expose aux regards de la foule; tandis que ceux dont l'humble condition est de végéter dans l'ombre, se contentent, pour venger l'insulte dont ils ont été victimes, des simples armes que la nature a mises en leur pouvoir. Ce n'est donc point un sentiment inné et intime de sa dignité personnelle qui fait mouvoir l'homme prêt à se battre en duel; c'est un besoin inexprimable d'acquérir, au prix du sang de son adversaire, l'estime d'une société démoralisée. Si l'honneur invoqué par les duellistes était réellement dans la nature humaine, l'homme qui se rapproche le plus de sa nature primitive, c'est-à-dire l'homme que la civilisation n'a pas encore limé, l'homme du peuple, le paysan, le sauvage, se battraient en duel lorsqu'ils auraient essuyé quelque outrage. Or, il n'en est pas ainsi : il n'y a que l'homme civilisé; il n'y a que l'homme dénaturé qui pousse le raffinement jusqu'à abandonner une vie qu'il dédaigne pour la satisfaction d'un orgueil qu'il vénère. Si, encore une fois, l'honneur du duelliste était dans la nature, cet honneur n'aurait qu'une seule face ; car, ce qui distingue les œuvres de la nature, comme les œuvres de Dieu, c'est l'unité : or, dans chaque pays, cet honneur change de forme ; c'est toujours, il est vrai, quelque chose de faux comme sentiment ; mais c'est toujours aussi quelque chose dont la forme varie selon la nature du terrain, la couleur du ciel, ou le caractère de l'homme. En France, on appelle brave celui qui attaque son ennemi face à face ; en Italie, on fait consister l'honneur à tuer son adversaire par surprise ; en Corse, la vengeance est le plus saint des devoirs ; partout le point d'honneur change de forme ; l'honneur seul ne varie jamais.

En effet : si, comme le prétendent les hommes les plus graves, l'honneur véritable est un sentiment qui prend sa source dans un cœur noble et élevé, et qui ne saurait exister là où n'existe pas la force d'asservir les passions ; rien n'est plus contraire à l'honneur véritable que ce sentiment brutal qui ne trouve de forces que dans la susceptibilité de l'orgueil, et d'alimens que dans les acclamations des méchans et des oisifs. L'honneur, tel qu'on le définit dans le monde, est donc un sentiment diamétralement opposé à l'honneur tel que le comprennent les hommes sérieux, tel que la philosophie le définit, tel que Dieu nous l'a donné.

« Il faut surtout accuser de cette bizarrerie le prestige que le

« vulgaire attache à certains mots plus ou moins sonores : « ainsi, tel supporterait avec résignation la perte d'un procès « où toute sa fortune se trouve engagée, qui se croirait « déshonoré s'il refusait le cartel qu'on lui adresse ; et la rai- « son en est simple : on a admis, bien aveuglément sans doute, « que le préjugé qui commande le duel avait pour base les « lois sacrées de l'honneur ; delà on a conclu que celui qui « négligeait de poursuivre par la voie des armes la réparation « d'une injure, soit réelle, soit imaginaire, avait forfait à « l'honneur. » (MONGALVY.)

Cette même expression appliquée aux idées les plus différentes, s'explique encore par ce fait bien digne de remarque, que les expressions les moins définies sont presque toujours les plus employées. Chacun les comprenant à sa manière, elles ont dans le monde un sens si étendu, que l'on peut à à peine lui trouver des bornes, et si vague, qu'il se prête facilement aux idées les plus contraires et les plus opposées. Tel est entre autres le mot *honneur* : il n'en est pas que l'on emploie plus fréquemment ; il n'en est pas non plus sur lequel on se forme des idées plus différentes.

Ainsi, par exemple, quel est l'homme imbu dès son enfance de sentimens conformes à l'honneur véritable, tel que nous le définissions plus haut, qui se décidera jamais à trouver le moindre sentiment honorable dans cet acte brutal auquel nous consacrons aujourd'hui tant de phrases fugitives ?

Eh quoi! s'écriera-t-il, l'honneur consiste maintenant à se montrer criminel!.. il m'avait semblé que l'honneur consistait à vivre honnêtement, à ne léser personne, à rendre à chacun le sien ; et non pas à remettre le destin de sa vie aux chances d'un combat plus ou moins loyal, plus ou moins régulier. Quoi! un ignorant, un immoral, un orgueilleux, un sot poussera la vanité jusqu'à exiger qu'on le préfère à tous, qu'on lui accorde tout? Quoi! un honnête homme sera assassiné par un fripon, et celui-ci passera pour un homme d'honneur? Quoi! par l'effet d'un coup d'épée, la vertu se changera en vice et le vice en vertu? Quoi! vous aurez raison d'avoir outragé une femme, souffleté un citoyen, parce que vous vous serez lavé dans du sang?... Mais ne voyez-vous pas qu'avec de tels principes, vous arrivez aux conséquences les plus absurdes; que, si vous dites que votre siècle est le siècle de la modération, vous n'êtes pas de votre siècle ; et vous ignorez complètement ce que signifie ce mot *honneur* qui renferme en lui-même les sentimens les plus purs et les plus élevés?

Tout cela est vrai, dira-t-on sans doute; mais que voulez-vous? le mal existe, il faut le supporter; le duel est depuis si long-temps dans nos mœurs, que la loi sera toujours impuissante contre lui; il faut attendre... Eh! quoi! parce que le mal existe, il faut le laisser sans remède! Parce que ses effets se perpétuent, il faut laisser la société se plaindre chaque jour de sa déplorable influence! et parce que la maladie doit être longue, il faut que le médecin abandonne le malade!... Une telle objection doit rester sans réponse, car elle se réfute d'elle-même.

D'ailleurs, est-il bien vrai de dire que le duel soit assez enraciné dans nos mœurs pour qu'il y ait impossibilité de l'en extirper sans le secours du temps? nous ne le croyons pas; car, s'il en était ainsi, nous n'aurions pas assez de larmes pour déplorer un tel état de choses. Si, en effet, on parvenait à prouver une telle monstruosité, comme ce sont les mœurs d'un peuple qui attestent les progrès plus ou moins rapides que la raison et la philosophie ont pu faire chez lui, il serait constant que notre morale publique serait peu avancée, puisqu'il faudrait reconnaître que, de ce qu'on vole et de ce qu'on assassine journellement, le vol et l'assassinat sont également dans nos mœurs. Qu'on ne dise pas que la différence est grande; que tout le monde abhorre ces deux crimes tandis que le duel a pour lui l'opinion publique: nous répondrons que tout le monde aussi commence à abhorrer le préjugé du duel; que c'est un monstre furieux dont chacun demande à grands cris la destruction, mais que personne n'ose attaquer en face de peur de l'irriter par une résistance inattendue. Quant au duelliste, il est déjà marqué dans le monde d'une sorte de notabilité funeste; s'il a tué son adversaire, même dans un combat très loyal, on ne s'approche de lui qu'avec peine, et on se tait sur son horrible exploit; si deux ou trois homicides ont souillé ses mains, il devient bientôt l'objet d'un éloignement général, et son nom ne tarde pas à être flétri. Il fut un temps où l'on osait faire parade de ses duels et de ses meurtres; de nos jours on se tait là-dessus, non par crainte de la punition légale, mais parce qu'on aurait honte de passer pour un spadassin.

Ainsi, prétendre que le duel est encore dans nos mœurs, c'est se tromper évidemment; c'est évidemment nier la marche progressive des lumières et de la raison; c'est refuser à une saine philosophie l'influence bienfaisante qu'elle a exercée sur la civilisation moderne. Il ne s'agit donc plus maintenant de mettre en question la criminalité, ni même la répression du duel, mais de rechercher à tout prix les moyens de le réprimer au plus vite: c'est par cette recherche que nous terminerons cette longue discussion.

Troisième Partie.

QUESTION LÉGALE.

RÉPRESSION DU DUEL.

QUELLES PEINES IL CONVIENDRAIT DE LUI APPLIQUER.

Ici, trois questions se présentent à notre examen :

1° Doit-on comprendre dans les faits que le Code pénal qualifie crimes ou délits, le meurtre ou les blessures résultant du duel?

2° En cas de négative, quelles peines faut-il appliquer à celui qui, dans un duel, aura tué ou blessé son adversaire?

3° Enfin, le duel, abstraction faite de ses conséquences, peut-il être considéré comme délit, et puni comme tel?

PREMIÈRE QUESTION.

La première de ces trois questions est, depuis longtemps, on le sait, l'objet des plus sérieuses controverses ; trois arrêts célèbres rendus par la Cour suprême, ont indiqué la marche, et sembleraient de nature à fixer la jurisprudence, si, dans le champ de théories, il n'y avait pas encore place pour la discussion.

Nous devons le dire à l'avance, et ici nous nous trouvons en opposition avec d'imposantes autorités, nous ne croyons pas que le meurtre ou les blessures résultant d'un duel rentrent nécessairement, même par analogie, dans les dispositions du Code pénal de 1810 : un coup-d'œil rapide sur l'état de la législation nous servira à établir ce que nous venons d'avancer.

En 1789, le duel, jusqu'alors considéré comme un crime spécialement attaché aux priviléges de la noblesse, reçut une mortelle atteinte des principes d'égalité qui surgissaient de toutes parts ; la législation particulière qui le concernait fut abolie comme fondée sur une institution qui n'appartenait plus qu'à l'histoire ; mais aucune législation nouvelle ne fut admise à la remplacer.

En 1791, un Code pénal fut rédigé sur des bases nouvelles, et d'après les nouveaux principes ; mais, comme ce Code est entièrement muet sur la question qui nous occupe, comme aucune de ses dispositions ne renferme, soit le mot, soit même l'idée de *duel*, on peut croire qu'il y a eu, de la part du législateur, ou omission volontaire, ou silence forcé.

En effet : à l'époque de la révolution, le duel, malgré la sévérité des peines qui le frappaient, et peut-être même à cause de cette sévérité, trouvait, dans l'absurde préjugé qui l'a fait naître, la force de triompher de la loi, et de rendre celle-ci impuissante. Par cette lutte entre la loi et un préjugé si funeste, le législateur de 1791 était placé dans la nécessité, ou de proscrire nominativement le duel et de le frapper d'une pénalité spéciale, ou de laisser aux progrès de la civilisation et à l'action du temps le soin de détruire ce préjugé, et par suite d'anéantir le duel. On était, d'ailleurs, si loin de penser que le duel pût être puni suivant les termes de la loi nouvelle, que, le 29 Messidor, an II, la Convention «considérant « que l'art. 2, sect. 4 du Code pénal militaire ne contient ni « sens, ni expression qui s'applique à la provocation au duel, « décrète qu'il n'y a pas lieu à délibérer.» Et qu'on ne conteste pas la portée de cet acte important ; qu'on n'argumente pas de ce qu'il ne se rapporte qu'à l'applicabilité du Code militaire pour le seul cas de provocation au duel ; la seconde partie du décret est conçue en termes trop généraux pour que le moindre doute puisse s'élever à cet égard ; et toutes les incertitudes disparaissent quand, après avoir décrété qu'*il n'y a lieu à délibérer,* la Convention, aux termes du même décret, « *renvoie à la commission du recensement et de la commission* « *complète des lois, pour examiner et proposer les moyens* « *d'empêcher les duels, et la peine à infliger à ceux qui s'en* « *rendraient coupables, ou les provoqueraient.* »

Le Code pénal de 1810 est également muet sur le duel. On a dit, et on dira sans doute encore avec M. Monseignat, rapporteur du projet, que le projet n'avait pas dû particulariser une espèce qui était comprise dans un genre dont il donnait les caractères : nous essaierons bientôt de réfuter cette opinion qui, d'ailleurs, bien que grave en elle-même, et considérable dans ses conséquences, passa tellement inaperçue, que, dans les conférences qui s'ouvrirent plus tard entre le Corps législatif et le Conseil d'état, il n'en fut nullement question.

Sous l'Empire, aucune poursuite criminelle ne fut dirigée contre les duellistes, qui cependant ne manquaient pas à cette époque de force brutale.

Sous la Restauration, la Cour suprême annula toutes les poursuites de cette nature qui lui furent déférées.

En 1818, la Chambre des Pairs, saisie comme Cour de justice d'une plainte portée contre un de ses membres pour faits de duel, déclara que ces faits ne pouvaient constituer ni crime, ni délit prévus par les lois existantes.

En 1819, la Chambre des Députés accueillit d'un de ses membres une proposition qui, accusant le silence de la loi commune sur le duel, avait pour objet de conjurer le Roi de suppléer à cette omission.

En 1829, la Chambre des Pairs, conséquente avec ce qu'elle avait déclaré en 1818, reçut et discuta un projet de loi sur le duel présenté par M. le comte Portalis, alors garde des sceaux.

En 1832, lorsque les Chambres s'occupèrent de réviser et d'éclaircir quelques points obscurs de notre législation criminelle, le duel ne fut même pas mis en question : et cependant, alors comme aujourd'hui, on doutait tellement que le meurtre et les blessures résultant du duel tombassent sous la sanction du Code de 1810, que déjà la Cour de cassation avait, aux termes des lois de 1807 et 1828, provoqué, sur cette question, l'interprétation législative.

Tel est l'état de la législation ; telles sont les phases qu'elle a eu à subir depuis bientôt un demi-siècle. Le duel peut-il maintenant être compris dans le nombre des crimes nombreux qu'elle punit ? peut-il être surtout assimilé à l'assassinat dont elle donne une si exacte définition ? Nous ne le croyons pas.

En effet : si l'on compare un seul instant cette convention antérieure, cette intention commune, cette réciprocité, cette simultanéité d'attaque et de défense que nous avons appelées *duel*, et cette agression préméditée, non concertée avec celui qui en a été la victime, que le Code pénal qualifie *assassinat*, on verra bientôt que, de l'un à l'autre de ces deux actes, il y a tout l'espace nécessaire pour la plus notable différence.

La Cour de cassation a, il est vrai, toujours décidé que *celui qui a fait une grave blessure à autrui, ou lui a donné la mort sur sa prière, instance ou ordre, peut être puni comme celui qui a commis un de ces actes par malveillance, et contre le vœu de la victime* : entre les nombreux arrêts qui le constatent, on remarque celui du 16 novembre 1827, et celui rendu tout récemment sur les conclusions de M. le Procureur-général Dupin. Mais nous ne pensons pas qu'il soit possible d'argumenter de ces décisions pour assimiler le duel aux espèces qui les ont provoquées. Quelle différence, en effet, entre le duel et les faits soumis à l'appréciation de la Cour suprême ! rien de semblable, rien d'analogue ne s'y fait remarquer. D'un côté, c'est un double suicide, en ce sens que les deux parties consentent, sans se défendre, à recevoir la mort l'une de la main de l'autre, et réciproquement ; tandis que, dans le duel, il y a bien, en effet, de part et d'autre, abandon volontaire de la vie, mais en ce sens seulement que cet abandon n'aura définitivement lieu qu'après une défense opiniâtre, ce qui détruit toute analogie entre les deux actes que nous venons de mentionner.

Si le duel peut quelquefois devenir un assassinat qualifié, c'est quand il est accompagné de déloyauté ou de perfidie ; car un des caractères essentiels du duel régulier, c'est l'absence de toute surprise, c'est la lutte à armes égales, c'est la parfaite égalité dans les chances ; et ce qui, au contraire, caractérise l'assassinat, tel que la loi le définit (art. 296 Cod. pén.), c'est la surprise, c'est la trahison, c'est le guet-apens.

Quelqu'odieux encore que soit le duel, quelle que juste indignation qu'inspire ce préjugé barbare, il est impossible de ne pas lui reconnaître un caractère particulier qui ne permet pas de le confondre avec l'assassinat et les idées que réveille ce crime atroce. Sans doute les résultats sont les mêmes ; sans doute les conséquences sont aussi déplorables ; sans doute, à l'occasion d'un duel, l'homicide peut être un véritable assassinat, si les circonstances le révèlent : mais que, dans les cas ordinaires de duel, la culpabilité du duelliste soit la même que celle de l'assassin, voilà ce que nous n'admettrons jamais. Pour peu que l'on juge humainement les choses humaines, est-il possible, en bonne conscience, de comparer à l'homme pervers qui, avide d'or ou de sang, attend sa victime inoffensive et la détruit sans risques et sans pitié, à l'homme, souvent honorable, qui, préférant un faux point d'honneur à l'honneur véritable, expose sa vie en échange de celle de son adversaire, avec des armes et des chances égales, quelquefois sans l'intention de le tuer, toujours dans la pensée unique de venger son honneur? Ces deux crimes diffèrent donc par leur nature, leur principe, et leur fin : dès-lors, peut-on leur appliquer une pénalité commune sans méconnaître les limites du bien et du mal, et sans bouleverser l'économie d'une bonne législation criminelle?

Mais supposons que le meurtre et les blessures résultant d'un duel tombent sous la sanction sévère des dispositions du Code pénal, et voyons quelles seront les conséquences d'une pareille monstruosité. D'abord, si l'on admet un seul instant une telle hypothèse, si l'on admet un seul instant que les dispositions du Code pénal doivent être appliquées au crime de duel, il faut admettre forcément que le duelliste commet toujours un assassinat ou une tentative de ce crime, qu'il y ait ou non homicide et blessures, dès que les coups ont été échangés : car, évidemment, il y a alors meurtre ou tentative de meurtre avec préméditation ; puisqu'aux termes de l'article 297, « La préméditation consiste « dans le dessein formé avant l'action, d'attenter à la personne « d'un individu déterminé, ou même de celui qui sera trou- « vé ou rencontré, quand même ce dessein serait dépendant « de quelque circonstance ou de quelque condition. » Or, tous ces caractères se retrouvent dans les faits qui précèdent l'acte de duel : un contrat est formé avant le combat; on connait d'avance le nom, la demeure, la figure de la personne aux jours de laquelle on va attenter; l'heure est indiquée, précise, infranchissable; tout est en règle; la préméditation est complète; et l'on sait quelle sévérité le Code pénal déploie en pareille matière : « Tout meurtre commis avec prémé-« ditation est qualifié assassinat. (Art. 296.) Tout coupable « d'assassinat sera puni de mort. (Art. 302.) » C'est là, il faut en convenir, une rigueur excessive que les jurés ne consentiront jamais à faire encourir à un duelliste : de là l'impunité.

Qu'on ne vienne pas ici nous parler de circonstances atténuantes; qu'on ne vienne pas nous dire que ce moyen d'alléger la peine, introduit par la loi de 1832, laisse au jury la liberté de sauver à sa conscience le poids d'une condamnation capitale : atténuée par les circonstances, la peine serait pour certaines organisations plus infamante, et plus sévère que la mort elle-même; car, aux termes de la nouvelle loi, elle descendrait de l'échafaud pour s'arrêter au bagne perpétuel; et, nous le répétons encore, ce serait une rigueur excessive qui conduirait droit à l'impunité.

D'ailleurs, il suffirait d'avoir assisté quelquefois aux débats des Cours d'assises, ou aux délibérations des jurés pour se convaincre de cette vérité incontestable. Ainsi, par exemple :

deux accusations de meurtre avec préméditation se présentent dans la même audience : l'une est fondée sur des circonstances tellement atroces, qu'une réprobation universelle a déjà frappé la tête de l'accusé, même avant sa condamnation ; l'autre s'entoure de faits tellement favorables à la moralité de l'accusé, que le ministère public lui-même hésite à requérir l'application de la peine. Les deux actes d'accusation diffèrent entièrement l'un de l'autre, tant par le fait principal, que par les circonstances accessoires ; les détails n'ont entr'eux aucune ressemblance, aucune analogie ; d'un côté il y a eu assassinat, commis par un homme perverti dès sa première jeunesse, et dont le bagne a, le plus souvent, complété l'éducation ; de l'autre côté, c'est un homicide, commis, sans aucun doute, volontairement et avec préméditation, mais commis par un homme pur jusqu'alors de toute accusation infamante, et dont la plus grande faute est d'avoir eu la faiblesse de sacrifier à l'idole du monde, à ce faux point d'honneur, qu'il n'a pas su distinguer de l'honneur véritable. Malgré tout, l'accusation est la même ; la question est posée aux jurés dans les mêmes termes et d'après la même formule, et, qu'il y ait eu duel ou assassinat, on ne leur demande qu'une seule chose : « *L'accusé est-il coupable* « *d'homicide commis volontairement et avec préméditation ?* » Il est évident que, dans le premier cas, c'est-à-dire dans le cas d'assassinat qualifié, leur opinion s'appuiera sur quelque chose de réel, de positif ; et leur verdict sera toujours l'expression d'une conscience suffisamment éclairée : mais dans le second cas, qu'arrivera-t-il? qu'après avoir pris lecture de l'acte d'accusation, duquel résultera pour eux le fait que l'accusé aura eu le malheur de tuer son adversaire dans un duel très loyal, ils ne comprendront pas comment, dans la question formulée au bas de cet acte, on n'aura pas même mentionné le fait qui aura servi de base à l'accusation; ils ne comprendront pas pourquoi il y aura si peu d'harmonie entre les débats qui viendront de se terminer sous leurs yeux, et la question qui leur sera posée; ils ne comprendront pas pourquoi, en matière de duel régulier, on viendra leur parler d'assassinat; ils ne sauront alors que répondre; ils seront dans le doute, et, dans le doute, ils s'abstiendront. Preuve irrésistible, que l'opinion publique repoussera toujours l'assimilation qu'on voudra faire du duel à l'assassinat, et que la loi commune garantit l'impunité au coupable de duel.

Nous croyons avoir suffisamment établi, par tout ce qui précède, que les résultats du duel ne sauraient être compris dans les dispositions générales des lois qui punissent l'assassinat, le meurtre et les blessures; et que, si le duel est véritablement un crime punissable, c'est aussi un crime d'une espèce toute particulière, dont les circonstances repoussent toute idée d'analogie avec les autres crimes, et dont le caractère est de telle nature qu'il est impossible de le confondre avec les actes prévus et punis par le Code pénal. Ce n'est donc pas à la loi existante qu'il faut demander la répression du duel ; ce n'est donc pas la peine commune qu'il convient d'appliquer à ce crime ; c'est une législation nouvelle qu'il s'agit de provoquer et d'établir ; c'est un nouveau système de pénalité qu'il faut créer et poser, en quelque sorte, comme dernière pierre, sur l'édifice déjà si élevé de notre législation criminelle.

DEUXIÈME QUESTION.

Un fait reconnu par les auteurs les plus graves, c'est que « les peines sévères, surtout quand elles sont infligées sans « un juste discernement, ont beaucoup moins d'efficacité « pour punir le crime et corriger les mœurs d'un peuple, « que les peines miséricordieuses, où la pitié tempère la « sévérité. » (BLACKSTONE.)

« Ce n'est point, en effet, par la rigueur du supplice « qu'on prévient le plus sûrement les crimes; c'est par la « certitude du châtiment. La perspective d'un châtiment mo- « déré, mais auquel on sera certain de ne pouvoir échapper, « fera toujours une impression plus vive que les craintes « vagues d'un supplice dont l'impunité anéantit presque « toute l'horreur. » (MONGALVY)

Ainsi, toutes les fois que l'on voudra frapper de la même peine le duel et l'assassinat, toutes les fois que l'on tentera, comme on l'a déjà fait, d'assimiler le duelliste à l'assassin, et par conséquent de lui faire entrevoir l'échafaud, l'impunité sera la conséquence forcée d'une telle prétention, parce que « toutes les fois que le crime inspire moins d'horreur que la « peine, la rigueur de la loi pénale est forcée de céder aux « mouvemens naturels imprimés dans le cœur de l'homme. » (GIBBON)

D'ailleurs, pour peu que l'on étudie avec soin ce qui se passe dans la conscience de l'homme qui va se battre en duel, on pourra remarquer sans peine qu'un état d'exaltation et de fureur s'est emparé de tout son être; il marche droit au-devant d'une mort qui l'attend au passage, et qu'il pourrait si facilement éviter; un sentiment d'orgueil blessé l'anime d'un inconcevable courage; ni les argumens de la raison, ni les conseils de la sagesse, ni les prières de l'amitié, rien ne peut le retenir; il quitte tout, il sacrifie tout; c'est l'amour de lui-même qui le tue; il faut qu'il se venge, car il a été offensé!.... Bien plus : si la peine du crime qu'il va commettre se montre assez sévère et assez imminente pour qu'il puisse trouver du courage à la braver, lui, si fier de ce déplorable courage, qui le mène à sa perte, ne verra dans cette bravade qu'un titre de plus à la satisfaction de sa conscience, et aux applaudissemens de la société.

Ainsi donc, pas de lois sévères contre le duel : l'excessive sévérité de la peine a pour conséquence inévitable l'impuissance et l'inutilité de la loi. Les duels étaient autrefois punis de mort, et cette peine terrible ne faisait que les multiplier. L'orgueil du duelliste ne pouvait pas fléchir devant la crainte d'une mort à laquelle il s'exposait volontairement, et si l'échafaud se dressait pour réclamer sa dîme de sang, on y montait tête levée, car on avait bravé deux morts à la fois, et l'amour-propre était satisfait.

Après ces considérations, nous n'avons pas besoin d'ajouter que, si nous avons repoussé toute assimilation du duel avec l'assassinat, nous repoussons aussi toute prétention d'appliquer la même peine à ces deux crimes si différens. Or, aux termes de la loi pénale, l'homme coupable d'assassinat subira la peine de mort; la peine de mort sera donc écartée toute les fois qu'il s'agira d'un coupable de duel.

D'ailleurs, une chose qu'il ne faut pas laisser échapper sans remarque, c'est que la crainte du dernier supplice n'a jamais arrêté les criminels dans leurs funestes projets : des siècles nombreux se sont écoulés depuis que la peine de mort est dans nos lois; des milliers de victimes ont péri par la main du bourreau; et l'humanité n'a pas encore vu diminuer le nombre des attentats qui la déshonorent. Plus les exécutions ont été fréquentes et les supplices cruels, plus les forfaits ont augmenté en nombre et en férocité. L'échafaud, si redoutable quelquefois pour l'homme condamné, n'a jamais arrêté l'homme méditant son crime; et, s'il est quelqu'un ici bas qui, après avoir méprisé la vie, marche à la mort avec courage, c'est certainement celui qui, pour venger une injure souvent imaginaire, livre au hazard d'un coup d'épée ce faible fil qui le retient dans ce monde.

Ainsi donc, pas de peine de mort contre le duel; car cette

peine sévère n'aurait d'autre résultat qu'une inefficacité complète; et, comme sous Louis XIV, au lieu de réprimer les duels, ne ferait que les multiplier.

Mais, parce que la rigueur d'une telle législation serait excessive, est-ce à dire que, par une sorte de désespoir, il faille se jeter dans l'excès contraire, et laisser chaque citoyen se constituer juge dans sa propre querelle? Une telle impunité, que la loi autoriserait par son silence, serait plus dangereuse encore pour la société que l'impunité qui résulterait de la rigueur excessive de la peine. Si, comme nous croyons l'avoir démontré, le duel est un crime social, il faut que la société le punisse comme tel; il faut qu'elle l'inscrive en toutes lettres au milieu de ses lois pénales; il faut qu'une peine particulière avertisse le juge qu'en pareille matière, il n'y a pas d'équivoque.

Mais, en créant une peine spécialement applicable au crime de duel, il faut que le crime et la peine soient, l'un et l'autre, en parfaite harmonie; que la société n'ait pas à se plaindre du peu de proportion qui existerait entr'eux; que le juge ne trouve pas dans l'excessive sévérité de la peine l'obligation de voter contre sa conscience. Si donc le duel est un crime, punissons-le comme crime; mais, si la société ne s'est pas encore décidée à déclarer infâme l'homme qui l'a commis, ne soyons pas plus sévères que la société; punissons le duel:

mais punissons le avec discernement ; et n'appliquons pas à un acte, qui n'a d'autre base que le plus détestable préjugé, les peines infamantes dont nous flétrissons tous les jours le vol et l'assassinat.

Il y a quelques années, les crimes politiques étaient punis de mort; on appliquait à ces actes émanés d'hommes souvent honorables, mais toujours imprudens, la même peine dont on punissait les assassins ; on assimilait ces esprits exaltés et fanatisés par une conviction consciencieuse à ces monstres sociaux dont le cœur s'est endurci dans le crime, dont la tête n'est journellement occupée que de pensées viles et sanguinaires. Mais on a fini par comprendre que, si le criminel politique etait éminemment dangereux pour la société, ce n'était pas un homme à marquer du sceau de l'infamie, à jeter dans un bagne, ou à traîner sur un échafaud; on a fini par comprendre que, si un homme avait eu le courage de proclamer hautement, les armes à la main, une conviction contraire à celle de la majorité, un tel homme devait être mis à l'écart, hors d'état de nuire, mais non pas assimilé à l'assassin qu'on punissait de mort, parce qu'un tel homme aurait peut-être aussi le courage de diriger un jour ses armes contre les ennemis de la patrie. La peine de mort a donc été supprimée en matière politique ; et la loi de 1832 y substitue la peine de *la détention* qui, aux termes de l'article 19 de la même loi, consiste à être *renfermé dans l'une des forteresses situées sur le territoire continental du royaume.* Le législateur, après avoir considéré l'éducation, la position sociale, et le caractère d'un prévenu de délit politique, a jugé à propos de ne pas le confondre avec les criminels ordinaires, et l'a placé dans une catégorie toute spéciale. Eh bien ! les raisons qui ont déterminé le législateur de 1832 à faire du crime politique un crime d'exception, ne pourraient-elles pas être appliquées, avec tout autant de fondement, à celui qui se rend coupable du crime de duel ? Nous le croyons sincèrement ; et, après avoir passé en revue les diverses peines que nos lois pénales infligent aux criminels, nous avons pensé que *la détention* serait la peine la plus convenable à appliquer au duel, comme au crime politique. En effet : chez le criminel politique, comme chez le duelliste, se présentent les mêmes considérations de caractère, d'éducation, de position sociale ; chez l'un comme chez l'autre, même exaltation, même fanatisme, même absence de perversité ; il est donc, selon nous, convenable et rationnel d'appliquer à l'auteur du meurtre commis en duel, la peine dont la loi commune punit le coupable de délit politique, c'est-à-dire *la détention.*

Faisant du duel un crime d'exception, il faudra s'attacher à le définir d'une manière claire et précise, avec tous ses élémens, tous ses accessoires, toutes ses circonstances ; et si cette définition est complète, le jury aura toujours à statuer sur un fait positif, car il sera de toute impossibilité de confondre le duel, ainsi défini, avec les crimes et délits punis par les lois existantes, et notamment avec ce duel populaire, vulgairement appelé *duel à coups de poings*, dont les résultats sont journellement soumis aux tribunaux ordinaires. Si, en effet, on compare les élémens de cette dernière espèce de duel qui relève soit de la Cour d'assises, soit de la Police correctionnelle, selon ses résultats, avec les circonstances du duel à l'épée ou au pistolet, qui, ainsi que nous l'avons démontré, est un crime à part, qui n'a pas encore sa juridiction, on ne tardera pas à reconnaître entre ces deux actes une différence bien notable. Dans le premier cas, c'est un incident inattendu, fortuit, qui ne présente rien de calculé, où l'intention n'entre pour rien, et qui est uniquement l'ouvrage du hasard ; tandis que, dans le cas de duel, tel que la société le définit, c'est un combat régulier, qui a lieu à une heure et dans un endroit convenus d'avance, soit à l'arme blanche, soit avec des armes à feu, entre deux individus ou un plus grand nombre, assistés de témoins.

Les caractères inhérens au crime de duel et la peine qu'il convient, selon nous, de lui appliquer, viennent d'être l'objet de nos recherches, et nous n'avons plus à y revenir. Cependant, comme nous sommes convaincu que la peine la plus juste et la plus efficace est celle qui peut se graduer selon le degré de culpabilité de l'individu ; selon le nombre des récidives ; selon l'intention qui a présidé à l'idée, et les circonstances qui ont accompagné la perpétration du crime ; comme nous sommes convaincu que toutes ces circonstances doivent influer essentiellement sur la plus ou moins grande sévérité de la peine, nous pensons qu'une échelle pénale, convenablement graduée, devra être appliquée au crime de duel.

Nous allons donc chercher à graduer, d'après nos principes, la peine générale de *la détention* dont nous avons parlé précédemment, et à la rendre assez souple, assez flexible, pour se plier à toutes les phases, à toutes les circonstances du crime qu'elle aura à punir.

L'article 24 de la loi de 1832 est ainsi conçu : « Quiconque « aura été condamné à la peine des travaux forcés à temps, « de la détention à temps, ou de la réclusion, sera de plus, « pendant la durée de sa peine, en état d'interdiction légale. » Si donc nous voulions suivre rigoureusement les principes posés par le Code pénal, nous dirions que le duelliste étant, d'après nos idées, passible d'une détention plus ou moins longue, aura à subir, comme accessoire de sa peine, la *dégradation civique* dont parle l'article que nous venons de rappeler : mais, comme nous avons posé en principe, que l'efficacité des peines naît de leur juste gradation, nous ferons ici exception à la règle générale, et nous placerons comme premier degré de l'échelle pénale, en matière de duel, les *cinq années de détention* que la loi indique comme étant le *minimum* de cette peine.

sans y joindre la dégradation civique qui est déjà par elle-même une peine très sévère, et qu'il vaut mieux réserver pour le cas de récidive.

Mais, s'il est des cas où la peine doit être d'autant moins sévère, que celui qui l'a encourue est moins perverti, il est aussi des douleurs auxquelles la société doit d'autant plus d'égards, qu'elle a traité ceux qui les ont causées avec plus de ménagement. On évitera donc avec soin que l'auteur du meurtre commis dans un duel puisse venir trop promptement s'offrir aux regards de la famille où il aura porté le trouble et la désolation ; et, pour parvenir à ce but d'ordre social, une *surveillance de la haute police pendant cinq années* suivra toujours les cinq années de détention dont nous avons parlé précédemment.

Outre cette peine, qui devra toujours être appliquée au meurtre commis à l'occasion d'un duel, l'auteur de ce meurtre pourra, suivant les circonstances, suivant sa position de fortune, suivant celle de son adversaire, être passible, au profit de la veuve et des enfans de celui qui aura succombé, de *dommages-intérêts* qui seront toujours fixés par l'arrêt de condamnation. N'est-il pas juste, en effet, que celui qui tue, dans un duel, l'homme dont le travail et l'industrie faisaient exister une famille tout entière, soit condamné, si sa position de fortune le permet, à des dommages-intérêts envers cette famille désormais privée d'appui? Seulement, comme il pourrait arriver que les fortunes respectives des deux champions fussent partagées de telle manière que le survivant n'eût pour toute ressource que son travail, tandis que sa victime léguerait des trésors à ses héritiers ; comme alors il y aurait injustice à dépouiller ainsi une famille pauvre au profit d'une autre famille indemnisée, en quelque sorte, de la perte d'un de ses membres, par le gain d'un héritage inattendu, l'appréciation de ces circonstances devra être faite par le juge, et la loi devra laisser à son arbitraire la dispensation des dommages-intérêts.

En cas de *récidive,* c'est-à-dire, lorsque celui qui aura été condamné une première fois pour fait de duel à la peine énoncée ci-dessus, se sera rendu coupable d'un nouveau meurtre, commis dans les mêmes circonstances, la peine sera portée au double, c'est-à-dire qu'il sera condamné à *dix années de détention* et à *dix années de surveillance* de la haute police, sans préjudice des *dommages-intérêts,* qui seront toujours laissés à l'appréciation du juge. Au fur et à mesure que le duelliste persévèrera dans le mal, et s'obstinera à mépriser sa vie et celle de son semblable au point de ne tenir aucun compte des avertissemens de la loi, la peine deviendra plus sévère, jusqu'à ce qu'enfin la loi, fatiguée d'une résistance si opiniâtre, se décide à la porter à son *maximum,* c'est-à-dire à *vingt années de détention*, à la *dégradation civique* et à la *surveillance perpétuelle de la haute police.*

Nous venons d'examiner et d'établir quelles peines il conviendrait, selon nous, d'appliquer aux conséquences du duel; voyons maintenant si le duel, abstraction faite de ses conséquences, peut être considéré comme *délit*, et puni comme tel.

TROISIÈME QUESTION.

Trois circonstances sont à considérer dans cette question :

1° Celle où il n'y aura eu que *tentative* de duel ;

2° Celle où le duel *exécuté* n'aura manqué son effet que contrairement à la volonté des parties ;

3° Enfin, celle où les parties se seront *volontairement* séparées avant toute effusion de sang.

§ 1er.

Quelques auteurs ont prétendu que la *tentative* de duel ne pouvait être l'objet de dispositions pénales, par la raison bien simple que cette *tentative* ne réunirait jamais les caractères exigés par la loi, pour être frappée d'une peine. Voyons maintenant, si cette opinion est fondée sur la vérité ; et si certains cas ne peuvent pas se rencontrer, dans lesquels la *tentative* de duel réunisse tous les caractères, toutes les conditions exigés par la loi.

Aux termes de la loi modificative du Code pénal, deux conditions sont impérieusement exigées pour rendre la *tentative* punissable : il faut, 1° qu'il y ait eu un *commencement d'exé-*

cution ; 2° que la *tentative* n'ait été suspendue ou n'ait manqué son effet que par des *circonstances indépendantes* de la volonté de son auteur. Ceux qui prétendent qu'il ne peut y avoir de *tentative* punissable en matière de duel, s'appuient sur cette idée, qu'il serait impossible de préciser l'instant qui séparerait la *tentative* de l'*exécution.* Mais comme nous croyons au contraire qu'il peut exister, avant l'*exécution* du duel, une série de circonstances assez précises pour établir une *tentative* régulière, nous opposerons à l'opinion adverse quelques considérations pratiques qui, nous en avons l'espoir, suffiront pour justifier la nôtre.

Deux hommes conviennent de se battre en duel, au pistolet, par exemple; ils choisissent pour champ de bataille un lieu déterminé; des témoins se chargent d'apprêter les armes, et de surveiller le combat; l'heure fatale arrive; on se rend sur le terrein. Nous pourrions, à la rigueur, trouver dans ce rendez-vous si ponctuellement respecté, un *commencement d'exécution* au crime de duel; mais, comme d'autres circonstances vont se réunir bientôt à celles que nous venons d'indiquer, nous allons suivre nos champions sur le lieu du combat, pour ne nous arrêter qu'à l'instant où le duel recevra son *exécution,* c'est-à-dire, où les combattans dirigeront l'un contre l'autre les armes qui leur auront été remises par leurs témoins respectifs. Arrivés sur le terrein, et après quelques tentatives de transaction, les témoins préparent les armes, mesurent les distances, remettent aux deux champions les instrumens de mort.... Au même instant, un homme se présente; c'est un magistrat; il est assisté de la force publique; la police a été instruite du crime qui allait recevoir son *exécution;* on sépare de force les duellistes; le duel ne s'exécute pas. Est-il possible de nier que cette suite de circonstances ne puisse servir à constituer une *tentative* de crime punissable aux termes de la loi? Est-il possible de ne pas voir un *commencement d'exécution* dans ces armes chargées par les témoins et remises entre les mains des adversaires? Peut-on dire, en présence de la force publique, qui vient séparer la *tentative* de *l'exécution*, que cette tentative n'a pas été suspendue par des *circonstances indépendantes de la volonté* de ses auteurs?

Voilà donc un cas où la *tentative* de duel réunit au degré légal toutes les conditions exigées par l'article 2 du Code pénal pour que la tentative du crime soit passible d'une peine: quelle peine faudra-t-il maintenant appliquer à cette tentative? Aux termes de l'article 2 du Code pénal « toute *tentative* de « crime doit être considérée et punie comme le crime lui-« même.... » Cependant, comme la peine que nous avons proposée contre l'auteur d'un duel *exécuté* serait, à notre avis, d'une sévérité excessive, lorsqu'il ne s'agirait que d'une *tentative* de duel; comme aussi, selon nous, le principe énoncé dans l'article 2 du Code pénal est peu en harmonie avec nos principes de philantropie et de juste appréciation des actes humains, nous ferons ici exception à la règle générale, et nous dirons : point d'assimilation entre la *tentative de duel* et le *duel consommé*, parce qu'entre ces deux actes, il y a toute la distance qui existe entre la pensée du crime et le crime lui-même ; point d'assimilation entre la peine qui punit l'*exécution accomplie* et celle qui peut frapper l'*exécution* seulement *commencée*, parce qu'en fait de pénalité on doit au moins reconnaître une différence entre la correction et le châtiment.

Ainsi donc : si nous punissons le duel *exécuté* par cinq, dix ou vingt années de *détention* et de *surveillance*, soyons moins sévères à l'égard de la *tentative*, et que deux ou trois années de *prison* suffisent pour avertir le duelliste qu'il a été téméraire et imprudent ; que l'acte qu'il voulait commettre est contraire aux prescriptions de la loi, puisque la seule *tentative* de cet acte est punie d'une peine déjà sévère.

§ II.

Une seconde circonstance ressort de la question que nous nous sommes posée, et cette circonstance est celle où le duel *exécuté* n'aura manqué son effet que contrairement à la volonté des parties.

Dans l'exemple de *tentative* de duel, que nous avons cité quelques lignes plus haut, nous avons supposé les adversaires surpris par la police, au moment où ils allaient marcher l'un contre l'autre. Comme il ne s'agissait alors que de la *tentative* du crime, nous devions nous arrêter au point où *commençait son exécution*.

Maintenant qu'il s'agit d'une *exécution complète*, mais qui *manque son effet par des circonstances indépendantes de la volonté des parties*, laissons les parties poursuivre l'accomplissement de leur projet, et ne les arrêtons qu'au moment où commencera l'effusion du sang. Ici l'action s'aggrave d'un degré : dans le premier cas, il n'y avait que *tentative de duel*; dans le second il y a *duel consommé* et, en même temps, *tentative de meurtre*. Il faut donc que la peine suive la gradation du fait, et monte d'un degré vers la peine que nous avons proposée pour le cas de meurtre commis en duel. Mais gardons-nous bien d'oublier que, dans l'espèce que nous avons adoptée, il n'y a eu ni meurtre, ni blessures graves; que dès lors la société n'a à se plaindre que d'un désordre momentané; que le sang d'un homme ne lui crie pas vengeance contre celui qui l'aurait répandu; et que la peine ne doit pas être plus sévère que l'action incriminée n'est préjudiciable à la société. Ainsi donc : si nous punissons le meurtre commis en duel de la *détention* et de la *survillance*; comme la *surveillance* n'a d'autre but que d'éviter, pendant quelque temps, à une famille éplorée, la présence de celui qui a causé ses alarmes; comme, dans le cas de duel simple et sans conséquences, la cause de cette aggravation de peine n'existe plus, supprimons-la totalement et contentons-nous de la peine principale du meurtre commis en duel, c'est-à-dire de *cinq années de détention* pure et simple, peine, à notre avis, suffisante pour punir le *duel exécuté, qui a manqué son effet par des circonstances indépendantes de la volonté de ses auteurs.*

§ III.

Quant à la dernière espèce de duel sans conséquences que nous avons signalée, il est évident que la loi pénale ne peut la frapper d'aucune peine, puisque, sans l'intervention de la police ou de la force publique, les parties auront, de leur propre chef, reconnu la criminalité de leur action et se seront *volontairement* séparées avant toute effusion de sang.

Si l'on veut maintenant aller plus loin; si, indépendamment de la convention arrêtée entre les parties de se rendre sur le terrain avec des témoins et des armes, on veut trouver un délit punissable dans la simple provocation au duel, nous dirons que cette provocation, si elle était proférée publiquement, pourrait, à la rigueur, tomber sous l'application de la loi du 17 mai 1819 dont l'article 2 est ainsi conçu : « Quiconque aura par des discours, cris ou menaces, pro-

» férés dans des lieux ou réunions publics, provoqué à commettre un ou plusieurs crimes, sans que ladite provocation » ait été suivie d'effets, sera puni d'un emprisonnement qui » ne pourra être moins de trois mois ni excéder cinq années, » et d'une amende qui ne pourra être au-dessous de 50 francs » ni excéder 6,000 francs. »

Une question qui, selon nous, n'a pas moins d'importance que toutes celles que nous avons traitées dans le cours de cette discussion, est de savoir si les *témoins* d'un duel doivent être considérés comme complices de ce crime et punis conformément aux articles 59 et 60 du Code pénal; ou bien, si leur participation à l'action incriminée doit être regardée comme un simple délit passible d'une peine exceptionnelle; ou bien encore, s'ils doivent être à l'abri de toutes poursuites, et considérés comme étrangers à toute action reprochable.

Cette question divise les meilleurs esprits: les uns pensent que « la présence des témoins dans un duel est un gage de » sécurité individuelle; qu'elle assure le respect des habitudes » d'honneuret de loyauté que l'usage a établies; qu'elle » favorise les rapprochemens, abrège les combats, et pré» vient l'effusion du sang. » Les autres pensent qu'au contraire, « il serait impossible de réprimer le duel, ou au » moins de le rendre plus rare, si les témoins n'étaient pas » considérés comme complices de ce crime. » C'est cette dernière opinion que nous croyons devoir adopter, comme étant, selon nous, plus rationelle et la plus conforme aux règles de la plus stricte légalité.

Si, en effet, on se réfère aux dispositions de l'article 60 du Code pénal qui punit « comme complices d'une action » qualifiée crime ou délit, ceux qui auront, avec connais- » sance *aidé* ou *assisté* l'auteur ou les auteurs de l'action, » dans les faits qui l'auront préparée ou facilitée, ou dans » ceux qui l'auront consommée; » si ensuite on rapproche de ces dispositions l'immense part que prennent les témoins d'un duel dans le crime qui va se consommer, soit en préparant les armes, soit en mesurant les distances, soit en présidant au combat; il sera impossible de ne pas reconnaître la conformité la plus parfaite entre ces témoins et les complices d'un crime ordinaire, et de ne pas leur appliquer les peines portées par la loi en pareilles circonstances.

Indépendamment de ces considérations toutes légales, l'expérience de tous les jours prouve que les témoins doivent être regardés non seulement comme complices, mais même comme parties intégrantes, comme élémens indispensables du crime de duel. Si, en effet, les personnes qu'on choisit comme témoins d'un duel refusaient leur assistance aux combattans; comme, d'une part, on se bat, non pour satisfaire un caprice personnel, mais pour que ceux qui assistent au combat reconnaissent qu'on a satisfait à l'opinion publique; comme, d'autre part, rien ne pouvant alors attester que les choses se soient passées régulièrement, on ne voudrait pas se rendre passibles des peines portées par le Code pénal contre les coupables d'assassinat, de coups et de blessures; il est certain que, dans une telle position, le duel n'aurait pas lieu, et que la société n'aurait pas à se plaindre d'un désordre qu'elle doit sévèrement punir.

Par suite de ces considérations, et conformément aux dispositions des articles 50 et 60 du Code pénal, nous proposons de considérer les témoins d'un crime ou délit de duel comme les complices des auteurs de ce crime ou délit, et de leur appliquer les peines que nous avons proposées dans le cours de cette discussion.

Tels sont les moyens de répression que nous avions à proposer contre le duel; telle est la pénalité que nous croyons applicable à ce crime d'exception. Si une telle pénalité ne suffisait pas pour arrêter le torrent, il faudrait, sans perdre courage, poursuivre une tâche inachevée; il faudrait chercher autre part des moyens de prévention plus efficaces; il faudrait remonter plus haut, et voir si la loi qui punit les injures dont on cherche la réparation dans le duel, serait par hasard insuffisante et incomplète. Il ne serait pas alors hors de propos de rappeler les paroles prononcées par M. Barthe, garde des sceaux, à l'occasion d'un projet de loi sur le duel présenté aux Chambres, il y a quelques années: « Il me reste » encore un vœu à exprimer : une loi contre le duel réclame » nécessairement quelques modifications à la loi qui punit » l'injure. On ne saurait exiger des hommes de se vaincre » assez eux-mêmes pour pardonner les outrages dont ils ont » été l'objet. Il faut qu'ils trouvent une satisfaction dans la » loi, si la loi leur interdit de se venger eux-mêmes. J'en » appelle à tous ceux qui ont quelque connaissance du cœur » humain: la disposition pénale qui frappe de 1 à 5 francs » d'amende l'injure *grave* adressée *sans publicité* à un homme » d'honneur, à sa femme, à sa fille, ne paraît-elle pas une » dérision ou plutôt une provocation à se venger par d'autres voies? Dans la classe pour laquelle l'amende de 1 à » 5 francs est une peine suffisante pour punir des injures » verbales qui n'ont jamais de gravité, le duel n'est guère » à redouter; pour la classe dans laquelle le duel se trouverait enraciné, telle injure proférée peut-être avec cynisme » doit être sévèrement punie. »

Que la loi assure donc une réparation efficace à tous les outrages, à toutes les injures; que nos tribunaux se montrent justement sévères dans les condamnations qu'ils portent contre les atteintes à l'honneur; qu'on introduise même dans notre législation la disposition préventive, qui, sous la loi anglaise, autorise le juge à faire comparaître devant lui l'agresseur et l'offensé, et à leur ordonner de rester en paix sous peine de payer une forte amende, pour laquelle l'agresseur est obligé de fournir une caution qui s'augmente en cas de récidive. Ce moyen, tout simple qu'il est, manquerait rarement son but, car l'Angleterre qui nous le propose, est, sans contredit, le pays où les duels sont le plus rares.

Si l'injure verbale est grave et tend à flétrir la réputation de l'offensé, que la loi se montre plus sévère encore ; qu'elle aille jusqu'à humilier celui dont l'orgueil n'a pas craint d'humilier son semblable par les plus infâmes calomnies; que l'auteur de ces calomnies ou de ces insultes puisse être condamné à une réparation solennelle envers celui qu'il aura offensé; qu'il puisse être condamné à déclarer à l'audience, la tête nue, le front bas, quelquefois à genoux, selon la gravité de l'injure, tant en présence de l'offensé que de témoins spécialement appelés, que, mal à propos et indiscrètement, il a proféré envers son semblable les paroles les plus injurieuses; qu'il s'en repent sincèrement, et en demande humblement pardon.

Un tel duel devant la justice, ne manquerait pas, il nous semble, de produire un effet puissant; l'homme orgueilleux qui aurait en perspective une peine si humiliante pour son orgueil, retiendrait mieux ses paroles; et les duels deviendraient moins nombreux de jour en jour.

Quant au duel commis par les militaires, nous croyons devoir l'assimiler à celui dont nous venons de formuler la répression; et, si un dernier moyen devait venir se joindre à notre système de pénalité, voici quelques réflexions que nous livrons à l'appréciation des hommes sérieux et éclairés.

On trouve dans l'histoire de France au XVIIIe siècle, un fait qui, selon nous, n'est pas sans importance : « Au siége « de Port-Mahon, les soldats étaient portés à oublier leurs « fatigues en s'enivrant. Le maréchal de Richelieu leur dé- « fendit cet excès : Je déclare, dit-il, que celui d'entre vous « qui continuera de s'enivrer, *n'aura pas l'honneur de monter* « *à l'assaut*. Jamais défense ne fut plus religieusement exé- « cutée. »

Cette déclaration du maréchal de Richelieu nous paraît admirable et merveilleusement adaptée au caractère français; elle honore celui qui l'a faite autant que les soldats qui y ont obéi. Rien ne serait plus facile, selon nous, que d'en tirer parti pour triompher à toujours du préjugé féroce qui, suivant l'énergique expression de Jean-Jacques, met toutes les vertus à la pointe d'une épée. Que tout militaire, officier ou soldat, qui aura exposé ses jours et ceux de son semblable dans un combat singulier, au lieu de les consacrer au service de la patrie, soit condamné à végéter toute sa vie de garnison en garnison ; que la carrière de l'honneur et de l'avancement lui soit irrémissiblement fermée ; que les périls de la guerre, la gloire d'assister à une bataille rangée, de monter à l'assaut d'une forteresse ennemie, lui soient à jamais interdits ; que l'ignominie d'une dégradation, jointe à l'infamie de cette interdiction sévère, range le duelliste parmi les lâches et les indignes de l'armée ; et nous verrons bientôt nos jeunes soldats montrer l'exemple d'une sage modération aux partisans de ce faux honneur qui n'a pour lui que la force d'un préjugé.

Notre tâche est accomplie : nous croyons avoir parcouru et réalisé dans ses parties principales le plan que nous nous étions d'avance proposé. En entreprenant ce travail, nous devions nous attacher à prouver :

1° Que le duel, ayant une origine toute féodale, ne pouvait trouver grâce devant une société régénérée et rétablie sur des bases nouvelles ;

2° Que le duel, participant de l'homicide et du suicide, crimes dont la gravité est basée sur l'inviolabilité de la vie de l'homme, ne pouvait rester impuni dans un siècle où la vie de l'homme est tellement respectée, que plusieurs refusent à la société elle-même le droit d'y porter atteinte ;

3° Enfin, que, tout en admettant le duel au nombre des crimes punissables par les lois humaines, il y avait entre lui et l'assassinat une différence notable qui devait se refléter sur l'application de la peine.

Nous croyons avoir prouvé ces trois grandes propositions d'une manière suffisante, en nous appuyant sur l'histoire, sur la philosophie, sur la loi : et d'abord sur l'histoire, à qui nous avons demandé l'origine du duel et les différentes modifications qu'il a eu à subir depuis tant de siècles qu'il déshonore l'humanité. Abordant ensuite une dissertation toute morale, nous avons emprunté à la philosophie et à la religion les raisons nombreuses qui devaient nous faire respecter notre vie et celle de nos semblables, et nous croyons avoir réfuté, aussi victorieusement que possible, quelques objections qui s'étaient fait jour au milieu des argumens de la discussion. Enfin, nous adressant, malgré notre faiblesse, à une opinion puissante, parce qu'elle a pour elle l'autorité d'un grand nom, nous croyons l'avoir combattue autant que nos forces nous en ont donné le pouvoir ; et, pour arriver au but que nous nous étions proposé, nous avons cherché, en terminant ce travail, les moyens de réprimer le duel de la manière, selon nous, la plus efficace et la plus en harmonie avec le caractère particulier de ce crime d'exception.

Ainsi se termine l'œuvre que nous avions entreprise : quelle sera son influence ? quelle sera sa destinée ? nous n'osons pas, nous ne devons pas le prévoir. Cependant, si une loi spéciale sur le duel devait arracher quelques victimes au fer de l'inexorable préjugé ; si elle devait conserver un fils à sa mère ; un époux et un père à sa femme et à ses enfans ; à l'état un citoyen utile ; aux arts et aux sciences un homme éclairé ; si surtout cette loi devait mettre un terme à ces haines violentes qui fermentent aujourd'hui ; si elle devait prévenir le retour de ces provocations continuelles qui précèdent toujours les guerres civiles ; ce serait alors une loi de nécessité ; ce serait une loi d'urgence que réclamerait impérieusement l'ordre public. Aussi, dans la conviction où nous sommes que telles seraient les conséquences d'une loi spéciale sur le duel, nous n'hésitons pas à dire que le gouvernement qui la proposerait ferait un acte de courage et de bonne politique, dont il recueillerait bientôt tous les fruits.

PROJET DE LOI.

PROJET DE LOI

CONTRE LE DUEL.

CHAPITRE UNIQUE.

SECTION PREMIERE.

Dispositions Générales.

ARTICLE PREMIER.

Le duel est un combat régulier, soumis à des conditions arrêtées à l'avance, entre deux ou plusieurs personnes assistées de témoins spécialement appelés, à une heure et dans un endroit convenus.

ART. 2.

Le duel est qualifié *crime* ou *délit* par la loi, selon que ses résultats donnent lieu à l'application d'une peine afflictive et infamante ou d'une simple peine correctionnelle.

ART. 3.

La *tentative* de duel est soumise, comme celle des autres crimes ou délits, aux conditions exigées par l'article 2 du Code pénal; sauf néanmoins les modifications ci-après relativement à l'application de la peine.

ART. 4.

Seront considérés comme *complices* d'un crime ou délit de duel :

1° Les personnes qui, appelées comme témoins, auront, avec connaissance, aidé ou assisté les auteurs de l'action dans les faits qui l'auront préparée ou facilitée, ou dans ceux qui l'auront consommée.

2° Les armuriers, maîtres d'escrime ou autres, qui auront procuré des armes, des instrumens, ou tout autre moyen qui aura servi à l'action, sachant qu'ils devaient y servir.

ART. 5.

Les complices d'un crime ou délit de duel seront punis de la même peine que les auteurs mêmes de ce crime ou délit; sauf les cas où la présente loi en dispose autrement.

SECTION DEUXIÈME.

Formalités d'Instruction, d'Examen et de Jugement.

ART. 6.

Lorsqu'un duel aura été commis, quelles que soient ses conséquences, les faits seront constatés, et les inculpés arrêtés et interrogés suivant les formes prescrites par le Code d'instruction criminelle.

ART. 7.

S'il n'y a eu que tentative de duel, les auteurs de cette tentative et leurs complices seront renvoyés devant le Tribunal de Police correctionnelle et demeureront provisoirement en état d'arrestation.

ART. 8.

Lorsque des blessures auront été faites, ou lorsqu'un homicide aura été commis dans un duel, ces faits seront constatés, et les prévenus, après instruction préalable, seront renvoyés par ordonnance du Tribunal de première instance, devant la Cour royale réunie en chambre d'accusation.

ART. 9.

Dans tous les cas de renvoi devant la Police correctionnelle, ou devant la Cour royale, le Procureur du roi ou le Procureur général, chacun dans sa compétence, seront tenus d'envoyer, dans les vingt-quatre heures au plus tard, au greffe du tribunal ou de la cour qui devra prononcer, toutes les pièces de l'instruction.

ART. 10.

Si la Cour royale, réunie en chambre d'accusation, après avoir procédé conformément aux articles 235 et suivans du Code d'instruction criminelle, juge suffisantes les charges élevées contre les prévenus, elle ordonnera sur le champ leur mise en accusation, et les renverra devant la Cour d'assises pour y être jugés conformément à la loi.

ART. 11.

Dans le cas de renvoi devant la Cour d'assises, et après la clôture et le résumé des débats qui restent soumis aux règles établies par le Code d'instruction criminelle, le Président de la Cour d'assises donnera aux jurés lecture des questions suivantes.

A l'égard de l'accusé principal :

N. *S'est il rendu coupable d'homicide ou de blessures contre la personne de N.?*

Cet homicide ou ces blessures sont-ils le résultat d'un duel ?

A l'égard de celui qui aura reçu les blessures :

N. *Est il coupable de duel ?*

Ce duel n'a-t-il manqué son effet que par des circonstances indépendantes de la volonté de son auteur ?

A l'égard des complices :

N. *A-t-il, avec connaissance, aidé ou assisté l'auteur ou les auteurs de l'action, dans les faits qui l'ont préparée ou facilitée, ou dans ceux qui l'ont consommée ?*

N. *A-t-il procuré des armes, des instrumens, ou tout autre moyen qui ait servi à l'action, sachant qu'ils devaient y servir?*

Enfin, *existe-t-il des circonstances atténuantes en faveur de tel ou tel accusé?*

Art. 12.

Quant à la question de savoir s'il y a lieu de prononcer une amende ou des dommages-intérêts, elle sera toujours appréciée par la Cour d'assises, et jamais par le jury.

ART. 13.

Lorsqu'un duel ou une tentative de duel auront été commis par des militaires sous les drapeaux, ces faits, quelles que soient leurs conséquences, seront jugés par les Tribunaux militaires, et punis de la même manière que le duel ou la tentative de duel commis par des individus non militaires; sauf les modifications ci-après (Art. 26 et 27).

SECTION TROISIÈME.

Pénalité.

ART. 14.

Lorsqu'un homicide aura été commis dans un duel, celui qui en sera reconnu l'auteur, sera condamné à cinq années de détention pure et simple.

A l'expiration de cette peine, il sera placé sous la surveillance de la haute police, pendant un temps qui n'excèdera pas cinq années.

Il pourra, en outre, être passible, au profit de la veuve et des enfans de celui qui aura succombé, de dommages-intérêts qui seront toujours fixés par l'arrêt de condamnation.

ART. 15.

Si l'auteur de l'homicide commis dans un duel est en état de première récidive, c'est-à-dire, s'il a déjà encouru la condamnation portée en l'article précédent, à l'occasion de faits analogues, le nombre des années de détention et de surveillance sera porté au double. Il sera en outre, pendant la durée de sa peine, en état d'interdiction légale; sans préjudice des dommages-intérêts qui seront toujours laissés à l'appréciation du juge.

ART. 16.

Celui qui aura encouru les peines portées aux articles 14 et 15, et qui, dans un nouveau duel, aura commis un troisième homicide, sera condamné à vingt années de détention, (*maximum* de la peine), à l'interdiction légale, à la dégradation civique, et à la surveillance perpétuelle de la haute police; sans préjudice des dommages-intérêts qui pourront toujours être prononcés contre lui.

ART. 17.

Les complices d'un crime de duel seront, selon les circonstances de récidive, passibles des peines portées aux articles précédens, moins toutefois la surveillance de la haute police et les dommages-intérêts.

ART. 18.

Lorsque la mort n'aura pas été la conséquence d'un crime de duel, mais que des blessures graves en auront été le résultat, l'auteur de ces blessures sera puni de cinq années de détention pure et simple, sans surveillance de la haute police.

Il pourra, en outre, être condamné à des dommages-intérêts envers la famille du blessé, lequel sera lui-même, ainsi que ses complices, passible de la peine portée au présent article, moins les dommages-intérêts.

ART. 19.

S'il n'y a eu que tentative de duel, les auteurs et complices de cette tentative, seront condamnés à un emprisonnement qui ne pourra être prononcé pour moins de six mois, ni excéder cinq années, et à une amende qui pourra s'élever depuis 50 francs jusqu'à 500 francs, selon les circonstances.

ART. 20.

Quiconque, ayant été condamné aux peines portées par les articles 14, 15, 16 et 17 sera déclaré être l'auteur ou le complice du crime prévu par l'article 18, sera condamné au double de la peine prononcée par ledit article.

Le complice ne sera cependant jamais passible de dommages-intérêts.

Art. 21.

Quiconque, ayant été condamné pour raison du crime prévu par l'article 18, sera déclaré être l'auteur ou le complice du délit prévu par l'article 19, sera condamné au *maximum* des peines portées à ce dernier article.

Art. 22.

Celui qui, étant dans le cas prévu par l'article précédent, aura commis un homicide dans un second duel, sera condamné à une détention de cinq à dix années.

A l'expiration de sa peine, il sera placé sous la surveillance de la haute police pendant le même laps de temps, et pourra en outre être condamné aux dommages-intérêts prononcés par l'article 14.

Art. 23.

Quiconque, ayant été condamné aux peines portées par les articles 19 et 21 comme auteur ou complice du délit prévu par lesdits articles, sera déclaré être l'auteur ou le complice de blessures faites dans un nouveau duel, sera condamné à une détention de cinq années, et à une amende de 100 francs au moins, et de 500 francs au plus; sans préjudice des dommages-intérêts conformément aux dispositions de l'article 18.

ART. 24.

Quiconque, étant dans le cas prévu par le précédent article, aura commis, ou se sera rendu complice d'un homicide commis dans un second duel, sera condamné au *maximum* des peines prononcées par ledit article, et sera en outre, pendant les cinq années de détention qu'il aura à subir, en état d'interdiction légale.

ART. 25.

L'interdiction légale et la dégradation civique ne seront prononcées contre les auteurs des crimes prévus par les précédens articles que dans les cas où elles sont expressément ordonnées par la présente loi.

ART. 26.

Lorsqu'un duel aura eu lieu entre deux ou plusieurs individus sous les drapeaux, la dégradation militaire, exécutée dans les formes actuellement en usage, suivra toujours la condamnation aux peines portées aux précédens articles.

ART. 27.

La dégradation civique prononcée par l'article 16, contre les individus non militaires, sera toujours remplacée, en cas de duel entre individus sous les drapeaux, par l'incapacité absolue de parvenir jamais à un grade plus élevé, et même, de remplir une fonction quelconque dans l'armée, soit de terre, soit de mer.

ART. 28.

Dans le cas de renvoi devant la Cour d'assises, si le jury déclare qu'il existe des circonstances atténuantes en faveur d'un ou de plusieurs des accusés reconnus coupables, la Cour aura toujours la faculté d'abaisser la peine d'un degré, et même de n'appliquer que le *minimum* de cette peine ainsi modifiée.

ART. 29.

Si l'action incriminée se réduit aux proportions d'un simple délit, le Tribunal de Police correctionnelle aura à apprécier lui-même la question des circonstances atténuantes, et à modifier la peine applicable, ainsi qu'il est dit à l'article précédent Dans le cas de renvoi devant un Conseil de guerre, ce Conseil aura la même faculté.

ART. 30.

Si le jury déclare que l'homicide ou les blessures dont l'appréciation lui est soumise, ne sont pas le résultat d'un duel, cet homicide ou ces blessures retomberont de droit sous l'application des dispositions du Code pénal actuellement en vigueur.

Art. 31.

La présente loi ne sera exécutoire qu'après la promulgation d'une loi modificative des articles du Code pénal relatifs aux injures et atteintes à l'honneur, laquelle loi sera ultérieurement proposée.

Table des Matières.

www.ingramcontent.com/pod-product-compliance
Ingram Content Group UK Ltd.
Pitfield, Milton Keynes, MK11 3LW, UK
UKHW021059260726
13994UKWH00002B/587

9 782329 367354